ワードマップ

# 科学技術社会学(STS)

## テクノサイエンス時代を航行するために

日比野愛子・鈴木舞・福島真人 編

新曜社

# はじめに

日々のニュースを一瞥するたびにわれわれの胸裏に浮かぶのは、現代社会というのは、日常生活の隅々に科学技術の影響力、それがもたらす問題の重みを考えざるを得ない社会だということである。遺伝子操作やナノテクノロジー、環境汚染や温暖化、そして最近のコロナ禍にいたるまで、科学技術がもたらすさまざまな情報がわれわれの周りを埋めつくし、日常的に何らかの形でそれへの対応を求められることになる。

このような文脈では、科学技術というのがどういう性質をもつ活動で、その能力と限界はどこにあるのかといった観点から、その社会的特性をよく理解する必要がある。こういう関心が欧米を中心にさまざまな分野の社会科学者の間で高まってきたのは1970年代のことである。もちろんそれ以前にも、科学技術の歴史を研究したり、その哲学的含意を議論したりするという営みはあったが、社会科学の正当な対象として、そのダイナミズムを分析しようという本格的な試みはこの時期に始まり、国際学会や国際誌が相次いで創設された。

現在一般的にSocial Studies of Science あるいはScience and Technology Studies といった名称（STSという略称）で国際的に通用するこの新興分野は、社会科学をベースにし、その観点から科学技術のダイナミズムを分析、研究することを目的にしている。当然そこには、従来の社会科学における理論的前提と、研究対象としての自然科学、技術研究の間の緊張が存在する。というのも、社会科学もまた、自然科学をモデルとし、そこから発展してきたものである以上、一方では自然科学を突き放して対象化しようという目論見があり、他方それがめぐって自らの理論的立場にも跳ね返ってくるという側面もあるからである。実際、ＳＴＳのある流派は伝統的社会科学に深く根ざし、また他のものはそこからかなり逸脱した新展開をもたらしたため、ＳＴＳ内外で論争が絶えない。しかも最近ではそれらの諸潮流が複雑な形で再融合する傾向を見せるなど、興味深い展開を示し続けている。

本邦では、ＳＴＳは一般的に科学技術社会論という訳語で知られそれなりに流通しているが、残念ながら現状では、こうした複雑な側面が正確に理解されているとはいいがたい。それはこうした動向の導入が、ベースになる社会科学的な問題設定の伝統を正確に反映しない形で行われ、より狭い特定のテーマ、たとえは市民参加論といったものだけが選択的に紹介されたからである。そうした問題を広く議論するから「論」と訳されているのであろう。もちろん、国際的ＳＴＳでもこうした議論は盛んではあるものの、当然のことながら「市民」といった概念に対する反省的な議論を含め、この問題は非常に複雑な側面をもつことが認識されている。その他、ＳＴＳとは文理融合のことだ、とか、さらには理学研究に必要な倫理的手続きについての書類のこと、といった笑えない冗談まであるらしい。

本ワードマップの目的は、こうした誤解を払底し、ＳＴＳのもつ基本的な考え方の根幹を、既存の社会科学の文脈を重視しつつ、それとの連続性と差異を同時に、かつできるだけ組織的に提示することにある。そのため本書では、ＳＴＳという略語そのものを、国際標準の指標として用いることにする。そのうえで、全体を7章、すなわち、自然、境界、過程、場所、秩序、未来、そして参加という独自の観点から、ＳＴＳの根幹に関する議論を紹介している。さらにそれぞれの著者による個性的なコラムが、ＳＴＳ研究の現状の姿を生き生きと描いている。

執筆者の大半は社会科学の特定の領域（社会学、社会人類学、政治学、社会心理学等）を基盤とすると同時に、その多くが国際誌への投稿や国際会議での発表を通じて、世界的な動向にも広く通じている。もちろん、現在の国際的ＳＴＳがカバーする範囲は広大であり、その論点は、科学政治学から現代アートとのかかわりまで実に多様である。またその手法も質的、量的、さまざまである。本ワードマップでそのすべてを紹介できるわけもないが、しかし少なくともこうした論点を知らずして国際的ＳＴＳは語れないといった項目は、組織的に呈示している。

本書が、現代社会と科学技術をめぐって混迷する現状に対して、少しでもその難局を生き抜く手助けになれば幸いである。

編者を代表して　福島真人

ワードマップ 科学技術社会学（STS）——目次

装幀＝加藤光太郎
中扉写真＝新曜社写真部

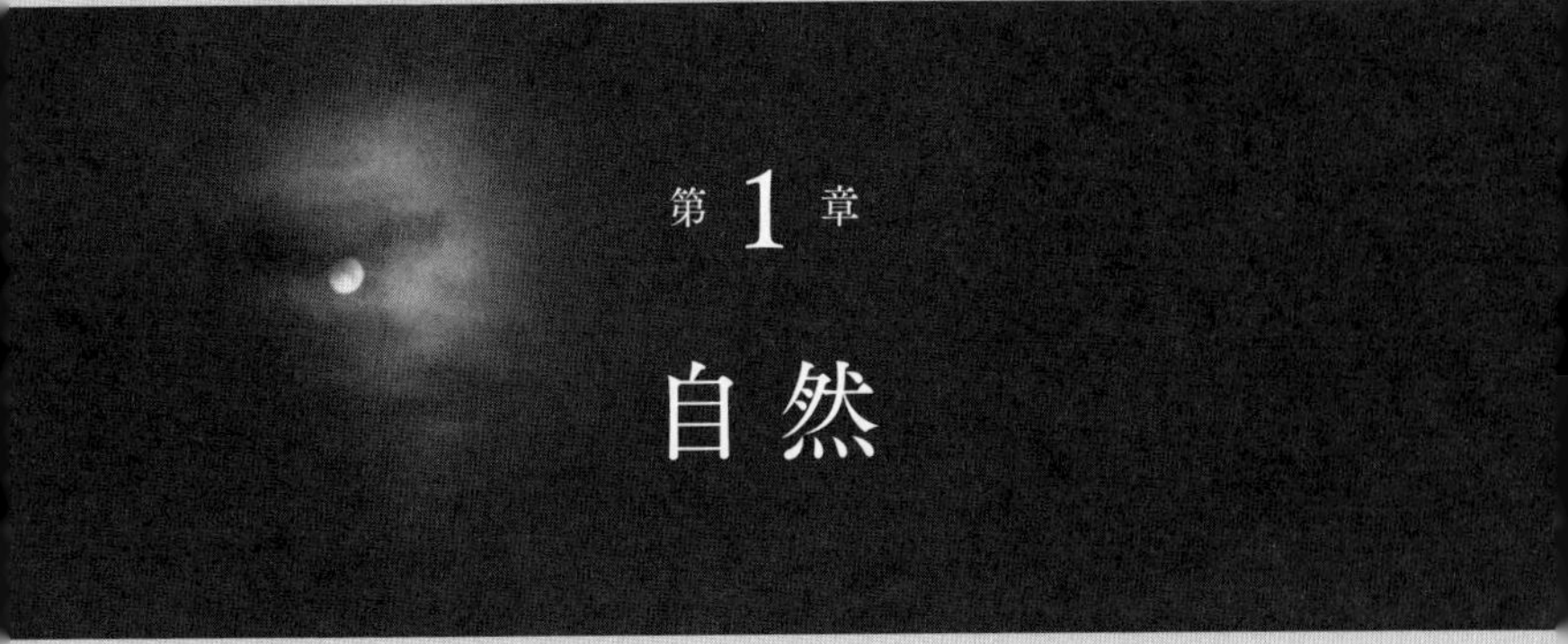

# 第1章 自然

自然科学を社会科学の目を通じて観察するＳＴＳにおいて、自然という概念は最も激しい論争を招いた論点の一つである。この概念／問題をどう扱うかについての立場の違いが、ＳＴＳがもつ独自性とその内的多様性を生み出している。この点を、ＳＴＳの理論的な討議における、最も基本的な対立点を中心として解説する。

1-1

# カント主義

後に『自殺論』や『社会分業論』[1]といった著作で、社会学、社会人類学等に絶大な影響を与えたデュルケーム（E. Durkheim）は、研究者としての修行中、さまざまな形で哲学者カント（I. Kant）の考えに影響を受け、さらにドイツに留学し、ドイツ版**新カント派**の息吹にも触れることになった。デュルケームとほぼ同世代でありながら、彼とは全く接触がなかったヴェーバー（M. Weber）の議論も、こうした新カント派の影響を強く感じさせるものが多い（たとえば価値自由の理論等）[2]が、本節での関心はその認識論的な側面にある。われわれが外界を認識するのは、その認識をささえる**アプリオリ**（先験的）な認識構造がわれわれのうちにあり、外界からの情報は、その認識図式を経て、初めてその特性を理解できるというのがその主張である。

後に生態学的知覚研究、**アフォーダンス理論**を提唱したギブソン（J. Gibson）にとって、彼が考える知覚研究の最大の敵は、このアプリオリ説を含めた、感覚についてのカント的図式全体であったことはよく知られている。実際、カント的図式では、外界からどんな知覚データが与えられようと、それは主体（より正確には「統

[1] E・デュルケーム 1985『自殺論』中公文庫／同 2005『社会分業論』青木書店

[2] 後のSTSにおいては、デュルケーム理論についての論争ほどは、ウェーバーの影響は目立たない。Kleinman, D. 2003 *Impure cultures*, University of Wisconsin Press. / Frickel, S. & Moore, K. eds. 2015 *The new political sociology of science*, University of Wisconsin Press.

覚」）による「処理」がなければ意味がない、ということになる。そうした組み直しがないデータは、雑音のようなものだという。後の認知科学等での情報「処理」（information–processing）という考え方にも、この発想が影響を与えているのは間違いない。これに対してギブソンが問いかけたのは、そもそも情報はどこにあるのかという点である。ギブソンの答えは、情報は環境の中にあり、生体はその情報を探し、抽出する（information–*pickup*）。これが後にアフォーダンスや生態学的知覚研究の語で大流行する理論のきっかけになった発想である。[3]

カントの図式は、また別の、思わぬところでもその影響がみられる。たとえば前期ヴィットゲンシュタイン（L. Witgenstein）の議論、すなわち言語の限界が世界の限界であるという主張にも、カント主義の影響が強くみられるという点はすでに多く指摘されている。彼がカントを熟読した形跡はないが、カントの影響を強く受けたショーペンハウアー（A. Schopenhauer）の書をヴィットゲンシュタインが愛読していたのはよく知られている。実際後者はのちに、ライオンがもししゃべれてもその言語はわれわれは理解できないだろう、と記している。しかしそれは本当だろうか？[4]

別の領域でもカント主義の影響は大きい。戦後フランスで勃興した構造主義（構造人類学）においては、文化の秩序をささえるパターンとしての構造は無意識のレベルにあり、ある人はこれを「先験的主体なきカント主義」とよんでいる。さらにこれを英国に導入して大きな影響をもった社会人類学者リーチ（E. Leach）は、われわれが外界

[3] E・リード 2006『伝記ジェームズ・ギブソン』勁草書房／J・ギブソン 1985『生態学的視覚論』サイエンス社

[4] たとえば Nordmann, A. 2005 *Wittgenstein's tractatus*, Cambridge University Press. ルーマン（N. Luhmann）等に大きな影響を与えた論理学者、スペンサー＝ブラウン（G. Spencer–Brown）は、猫がドアの前でニャーと泣いたら、それはドアをあけてくれ、ということ以外にありえない、という反ヴィットゲンシュタイン的主張をするのをどこかで読んだことがあるが。

を認識し秩序化できるのは、われわれの概念の構造によるものだと明言している。つまり概念の構造がなければ、外界は混沌状態だ、というわけである。[5]

## ■認識の社会的起源

若きデュルケームも、こうして猛威を振るう（新）カント主義の影響をもろに食らったわけであるが、そこに微妙な修正を加えている。それは認識の起源であるアプリオリな認識構造が、社会的起源をもつという説である。われわれが「時間」や「空間」の概念をもてるのは、そうした認識構造がわれわれにもともと備わっているからではなく、そうした概念の起源は、人びとの社会的行動にあり、そこから時空の概念等が成立するという主張である。

デュルケームらが利用したのは、当時増大していたいわゆる無文字社会についての情報である。たとえばアマゾンの諸種族では、集団が半族という単位として分割され、社会的にも空間的にも二つに分かれて生活している場合がある。こうした**社会的実践**がまず先にあり、それが結果として、より抽象的な空間の概念を生むとデュルケームらは主張した。同様に、規則的に繰り返される**儀礼**という実践が、抽象的な時間の概念を生むというのである。これは**認識の社会起源説**とでもよぶべき考えであり、われわれの認識は**社会構造**によって規定されているとする。この認識の社会起源説は、後にSTSにも大きな影響を与えることになるが、それは自然科学的な

[5] J・ドムナック（編）1968『構造主義とは何か』サイマル出版会

われわれの認識は文化的制約下にあり、それゆえ日本人は生まれたときから日本文化の影響で外界をみる、とある発達心理学かぶれの人類学者が息巻いていたのを覚えている。しかしそんな証拠はあるのか？

認識もさまざまな社会関係によって規定されているという強い主張を生むことになるからである。[6]

デュルケーム学派のもう一つの強い主張は、彼らがいう**社会的事実**と**集合表象**という考え方で、こちらは前の説よりもより広く知られている。その基本は、社会学（あるいは社会人類学）が扱う対象は、社会的に共有された事実としての集合表象である、という考え方である。その最もわかりやすい例は宗教的な観念であるが、少なくとも該当する社会集団にとって、リアルと感じられるような観念がそうよばれる。社会学（人類学）が対象とするのはそうした社会的事実であるというわけである。[7]

後者の議論は、社会学だけでなく、人類学等の周辺科学にも絶大な影響を与え続けているが、前者（認識の社会起源説）を強力に推し進めたのは、ダグラス（M. Douglas）の比較人類学的研究である。彼女はさまざまなタイプの社会を比較し、それぞれの社会がもつ固有の**象徴体系**（たとえば**神話**や**コスモロジー**）との関係を予測するといった主張を行ったのである。たとえは、社会関係が非常に密接なバリ島のような社会と、それが緩い狩猟採集民のような社会では、前者が精密に発達したコスモロジーと儀礼主義、後者が唯一神と個人中心の宗教経験重視の文化を発達させる、といった具合である。[8]

[6] E・デュルケーム 1930『宗教生活の原初形態』刀江書院／本書1-2のストロングプログラムの解説を参照

[7] E・デュルケーム 1978『社会学的方法の規準』岩波文庫

[8] M・ダグラス 1983『象徴としての身体』紀伊國屋書店

## ■自然というアポリア

こうした社会学的カント主義の伝統において、**自然**という概念は何か意味をもつだろうか。基本的には否というのがその解答である。そもそもカント自身の考え方においては、われわれは**モノ自体**にアクセスすることはできず、あくまでその現象（見え方）に接近できるだけである。実際、デュルケームに大きな影響を与えた、彼の師匠の一人であるルヌーヴィエ（C. Renouvier）は、カント的立場をさらに進めて、カントのいうモノ自体の存在も否定してしまっている。[9] それゆえ、社会学的カント主義では、自然やモノについて語っても、それはあくまで集合表象の一つとして、つまり特定の社会集団によって共有される（自然という）表象ということでしか処理できないことになる。あくまで諸社会がもつ自然観を研究するという形にしかなりえないわけである。

社会科学で影響をもった他の潮流、たとえば古典的マルクス主義では、これとは異なる理解も可能である。いわば認識の二段階説とでもいえるアプローチであるが、彼らのいう**下部構造**（物質的生産をささえる諸構造）と派生する**上部構造**（それ以外の諸関係、たとえば法、教育、文化一般）という二重説に呼応する形で、認識のあり方も科学的（すなわち物質的なリアリティを理解可能とする認識（＝科学））／**イデオロギー的**認識、つまり**支配階級**のイデオロギーによって曇った認識という形になる。かつての科学的社会主義という標語が示すように、マルクス主義者たちは基本的にはこの

［9］Gunn, A. 1932 Renouvier (II) *Philosophy*, 7(26).

科学的認識が自分たちのそれとしたわけである。この図式はその後彼らの中でも大きく修正されることにはなるが、[10] もともとはイデオロギーという言葉が**虚偽意識**と訳されたのをみてもわかるように、真理／虚偽という対比項は、その初期には重要なモチーフであった。

実際この二分法を応用した議論が、のちのマルクス主義人類学の一部で採用された。それによると、われわれの日常的な行為は、実践的なものと儀礼的（イデオロギー的）なものに分かれ、前者は唯物的、物質的、後者は観念的、宗教的、というわけである。それに応じて認識の構造も二分化されることになる。[11]

いずれにせよ、こうした伝統的社会学（人類学）的立場では、自然（あるいはそれを研究する自然科学）は何となく居心地が悪い側面があるのは否めない。前者においては、自然は、自然そのものというよりもむしろ社会集団が自然をみる、その見方そのものである（自然観といってもいい）。後者、特にその古典的スタンスにとっては、自然は、物質的生産過程という意味では関心の対象にはなるが、それを観察するマルクス主義者は自らが科学的アプローチをとっていることになるので、それを相対化することはできない。[12] 社会科学における、この自然概念の何ともいえぬ居心地の悪さ、これが後のSTSの重要なテーマとなる。

〔福島真人〕

［10］J・ハーバーマス 1975『イデオロギーとしての技術と科学』紀伊國屋書店

［11］たとえばM・ブロック 1994『祝福から暴力へ』法政大学出版局

［12］後に科学や知識体系も上部構造、つまりイデオロギー的な構造の一部という主張が登場するが、そうなるとマルクス主義そのものはどこに位置するかという問題も生じうる。／ハーバーマス 1975 前掲［10］

# 1-2 ポスト・カント主義

クーン（T. Kuhn）の**パラダイム論**は、科学史や科学哲学のみならず、STS（特に英国でのそれ）にも大きな影響を与えてきた。よく知られているように、パラダイムとは特定の科学的領域をささえる認識の共有された構造であり、その分野の基本的枠組みとして機能するものである。こうした枠組みは、ときには増大する反証によって維持できなくなり、劇的な形での理論的変化が起こることがある。これが**科学革命**である。[1] 一部の社会学者にとって印象的だったのは、このパラダイムを習得するプロセスそのものが、研究者集団という社会組織に参入する新人が、共有される集合表象を習得する過程、と読み替えることができたからである。いわばそこに社会学的カント主義の新たな展開を見て取ったのである。

ダグラス（M. Douglas）らは、前述した社会学的カント主義の立場から、諸部族の固有の社会構造とその集団が信仰するコスモロジーの関係を探るという議論をしていたが、それを一歩進めて、特定集団がもつリスク感覚がその集団の組織構造とどう関係するかという議論を展開した。[2] さらにもし科学者集団とその学説にも同じような関

[1] T・クーン 1971『科学革命の構造』みすず書房

[2] M・ダグラス 1983『象徴としての身体』紀伊國屋書店／Douglas, M. & Wildavsky, A. 1982 *Risk and culture*, University of California Press.

係があるとしたら、まさにその集団の社会学的特性によって、彼らが採用する学説を説明できることになる。この考え方に基づくのがブルア（D. Bloor）の**ストロングプログラム**である。[3]

現在では想像しにくいが、この議論の破壊力は当時相当なものであった。後にブルアとやや一方的な論争をすることになるラトゥール（B. Latour）は、後の世代がいかに彼の議論に負っているかを正直に告白している。[4] 科学的実践が社会に埋め込まれたものとして、経験的な研究プログラムを立ち上げることが可能になったからである。ブルアのいたエジンバラ大学が、現在にいたるまで、欧州における科学社会学の一大センターであるのも頷けるのである。

## ■セール

だがＳＴＳには、社会学的カント主義とは全く異なる理論的ルーツがあり、それがＳＴＳ内部での理論的言語の対をもたらしている。その源泉の一つがセール（M. Serres）の思想であり、後に**アクターネットワーク理論**として、大きな影響力をもつようになる考え方である。セールは数学から出発し、ライプニッツ（G. Leibniz）の研究で博士論文を書いたのちに、かなり特殊な意味での科学史、文化史を総合したような著作を次々と発表している。[5] セールの著作は、科学、社会、文化が複雑に交差する領域をきわめて詩的なやり方で描いているが、かなりの数の著作がすでに邦訳され

[3] D・ブルア 1985『数学の社会学』培風館／Barnes, B. et al. 1996 *Scientific knowledge*, University of Chicago Press.

[4] Latour, B. 1999 For David Bloor... and beyond, *Study of the History and Philosophy of Science*, 30(1).
　これはブルアのラトゥール批判に対する応答である。Bloor, D. 1999 Anti-Latour, *Study of the History and Philosophy of Science*, 30(1).

[5] 清水高志 2019『ミシェル・セール』白水社／M・セール 1996『解明 M・セールの世界』法政大学出版局

ている。他方諸分野におけるセールの具体的影響力はというと、かなり問題があるのも事実である。そもそも英米圏ではセールの著作そのものがそれほど翻訳されていないからである。[6]

膨大なセールの著作の基本概念をまとめるのはほとんど不可能であるが、ＳＴＳへの影響という面からいえば、まず第一に、自然（およびそれを研究する自然科学）が関心の中心にあり、意識や言語よりもその物質的特性が常に前景にあるということ。次に、自然科学を孤立した体系と見ず、社会科学や人文学との複雑な交流関係の中においたこと。さらにその方法として、歴史的な発展説を否定し、異なる時代を並列することを厭わない、といった点である。

こうした独特な立場から、セールは**ヘルメス**、**ノイズ**、**準客体**（quasi-object）、さらには**自然契約**（ラトゥールの近年のガイア本と比較せよ）といった諸概念を展開してきたが、特に重要なのが、**翻訳**の概念である。[7] これは彼の著作群のタイトルの一つでもあるが、自然科学と人文社会系といった領域間の関係を結ぶ操作としてこの語を使っている。パリでセールの講演を聞きに行ったカロン（M. Callon）は、当時研究していたフランスの電気自動車開発についての二つの異なる立場を説明するのに、この翻訳という概念を用いることを思いついたという。これがアクターネットワーク理論の誕生の瞬間である。[8] その後さまざまな要素を吸収して膨れ上がったこの理論であるが、基本概念の骨格はほとんどセールの議論からきている。[9] 意識や言語よりも自然

[6] なおセール本人は、自らの孤立を歴史学科への所属のためとしているが（セール 1996 前掲[5]）、その思想の特異性のみならず、文章の晦渋さも大きな原因の一つと私は考える。

[7] 翻訳概念は、M・セール 1990『翻訳』法政大学出版局。準客体（quasi-object）はサッカーボールのように、それによって行為する主体とサッカーボールという客体が同時に規定されるような存在。M・セール 1987『パラジット』法政大学出版局

[8] カロンとの個人的対話（2003年、パリ）。

[9] バウカー（J. Bowker）は、一般にラトゥールの独創性とされる議論の大半はセールのものであり、本人もそれを自覚して嫉妬していたという（個人的会話）。

（物質性）を重視する態度、自然科学と人文社会学の密接な関係、領域間移動に関する操作としての翻訳、主体と客体の関係の組み換え（準客体）と相互依存、そして特異な歴史感覚等である。それらを変動するネットワークの関係性というポイントから分析する。[10]

ただし、セールは数学出身で関心の中心は理論科学にあり、経験的な実験科学の実際への関心がとぼしいという面もあり、セールの作り出した骨格を経験的なＳＴＳに組み換えていくには、実験科学の実体や科学を超えた諸領域の経験的研究等に踏み出す必要があった。前者の役割を果たしたのが、ブルアのストロングプログラムやラボラトリー研究[11]（実験室における実際の科学的活動の調査）であり、後者はイノベーションや企業の活動の研究[12]、さらには独特な計量的分析等（**co-word 分析**）である。

### ■異なる自然観

この二つの潮流は、他の諸潮流[13]と複雑に絡みながら話が展開するが、前述した社会学的カント主義の大伝統と、セール風のいわば自然主義とでもいえる立場の間には相互交流と同時に、基本的スタンスの大きな違いもみられ、のちのＳＴＳ内部での理論的言語の動向に大きな影響を与えるようになる。ピカリング（**A. Pickering**）らの編著がその具体的な対決の場としてよく知られているが[14]、ここでもめた論点の一つが、この「自然」をめぐる扱いである。実際、自然科学が扱う対象を、雑駁にモノと

[10] Callon, M.et al. 1983 From translation to problematic networks, *Social Science Information*, 22.

[11] 本書４－２参照

[12] 本書３－３、３－４参照

[13] I・ハッキング 1986『表現と介入』産業図書／Galison, P. 1997 *Image and logic*, University of Chicago Press.／M・リンチ 2012『エスノメソドロジーと科学実践の社会学』／Rip, A. et al. 1995 *Managing technology in society*, Pinter.

[14] Pickering, A. ed. 1992 *Science as practice and culture*, University of Chicago Press.

か自然とよんでいいかは、ある意味大問題であり、これらはすべて暫定的な仮説とよぶべきだと考える人もいるだろう。この仮説を科学者集団によって共有された「集合表象」とみなせば、それはそのままデュルケーム的な図式にうまく納まるようにみえる。

しかし実際の研究過程においては、ある仮説は消え、他の仮説は正しいものとして、その対象は実在視されるようになる。実際、二重らせんやエックス線、フラーレン（$C_{60}$）は実在物とされ、未だ健在であるが、三重らせんやエーテル、N線は失敗した仮説として歴史の闇に消えていった。科学論争の過程で、あるものは生き残り、あるものは消えていく。ではそれらをみな同じ集合表象として扱っていいのか、である。この考え方においては、科学における**論争中／論争後**[15]という弁別が重要になる。論争の最中は、それが単なる仮説なのか、実在を示すのかは、部外者のみならず論争当事者にとってもよくわからない。他方論争が終結し、研究者集団がそれなりに同意すれば、その対象の実在性はほぼ決定ということになる。パリ学派は、この仮説から実在へ、という流れについて、これを彼らの理論の中心として引き受けるべきだとし、自然の方に強く踏み出したわけである。

だがこうした形で自然（あるいは物質性）を強調することに対して、社会学的カント主義の伝統に根ざす研究者たちが反発したのはいうまでもない。これは対象を人間側からみるのか、それとも自然物の方からみる（と想像する）ことの違いとみなすこ

［15］論争とその終結については、Nelkin, D. ed. 1979 *Controversy,* Sage Publications.／B・ラトゥール 1999『科学が作られているとき』産業図書／本書3－1も参照

ともできる。たとえばある対象を発見するという過程の場合、認識する側からみれば、いままで漠然としてぴんぼけだった対象に段々焦点が合ってきて、それが見えるようになる過程として描くことができる。他方自然界側からみれば、そうした対象が観察者である人間に協力して、その姿を現したかのように描いてみることも可能である。後者のようなレトリックを後にパリ学派は多用するようになるのである。こうした議論の特徴は、こうした要素（後に nonhuman と総称）をも問題の諸関係（**ネットワーク**）の重要な構成要素（アクター）[16]として登場させ、人間主体と近似する働きをするというふうに描くわけである。サン・ブリュー湾の帆立貝をめぐるカロンの有名な論文では、減少する帆立貝という問題をめぐって、関係する漁民、研究する化学者、そして帆立貝そのものが三つ巴の争いを繰り広げる。[17]あるいはラトゥールがパスツール（L. Pasteur）の戦略について物した本では、パスツールの科学的・社会的成功が、彼がさまざまなアクター（人、モノ、微生物等すべて含む）と同盟関係を結んだため、と彼が好む軍事的メタファーによって説明しているのである。[18]

〔福島真人〕

[16] 記号論的な作用素のことで、伝統的な行為者ではない。

[17] Callon, M. 1984 Some elements of a sociology of translation, *The Sociological Review*, 32.

[18] Latour, B. 1988 *The pasteurization of France*, Harvard University Press.
　パスチャライズとは低温殺菌の意味もあるので、「フランスの低温殺菌」というしゃれもはいっている。

1-3
# モノの社会学

デュルケーム主義（社会学的カント主義）とセール的、パリ学派的な軸の近傍には、多くのバリエーションが存在する。たとえば英国の科学社会学者たちは、より前者の観点に近い立場から、**リスク**[1]の社会学的な比較や、科学的な**専門的知識・ローカルな知識**の関係といった、いまや古典とよべる優れた業績を生み出してきた。たとえばウィン（B. Wynne）の一連の研究は、本邦でもしばしば言及されている。[2]このグループの社会学者たちは一時期自分たちの研究を**科学的知識の社会学**（sociology of scientific knowledge）とよんで、自らをＳＴＳとは区別していた。自然よりも、それに関する知識に着目する場合でも、その知識の形式が社会集団の構造によって決定されるというデュルケーム主義的な主張を弱めた議論としては、いわゆる知識と社会の**共生産**（co–production）という考え方もある。**ゲノム**に関する知識の生産の例をとれば、ゲノムに関する知識の生産と、ゲノムを研究する体制（そこには研究のみならず、法制度や市場等も含まれる）はいわばもちつもたれつの関係で、同時発生的に生成するという考えである。[3]

［1］本書5－2参照

［2］チェルノブイリ原発事故のときに、担当する専門家たちが実験室的なアプローチに基づいており、現場での汚染状況では、現場の知識が必要だと論じた論文等（いわゆる専門知と一般人の知識問題）、社会学的カント主義の影響が色濃く反映されている研究を行っている。Wynne, B. 1982 *Rationality and ritual*, British Society for the History of Science.

［3］Jasanoff, J. 2004 *States of knowledge*, Routledge.

## ■モノのエージェンシー？

他方、ロー（J. Law）は、モノ（あるいはnonhuman）を、ちょうど社会学における、階級、ジェンダー、エスニシティに続く、新たな領域と主張している。[4] こうした物質性へののめり込みの典型が、モノの**エージェンシー**（agency）という、日本語の定訳すらない議論である。[5] このagency（あるいはagent）という言葉は、①代理店、②公的機関、③発動力（能動的力）、④斡旋といった意味がある。この語の起源はラテン語の**agere**（行為する）で、それが英語に入ると効果を生む人／モノ、さらにそれらの実際の効果という意味で、代理の意味が強まった。経済学等で有名な、**プリンシパル／エージェント**（principal and agent）**理論**という議論があるが、これは基本的にある主体（principal）が別の代理主体（agent）に仕事を委託するときに生じる諸問題（たとえば前者の目的を無視して、自分の問題を優先する等）についての諸分析である。[6] この場合、agentという言葉は「代理」という側面が前面に出ている。

他方、モノのエージェンシーという場合は、③の能動的力の部分の話で、モノそのものにどれだけ行為としての効果があるかという議論である。[7] アクターという語を記号論的に捉えて、そこに人もモノも入れたためこういう議論になるが、たとえばあるテクノロジーが生み出される効果について、それがテクノロジーそのものの能動的力なのか、それを使うユーザーの操作（意図）との関係で語られるべきか、さらにそれが自動化した場合どうなるか議論は紛糾している。これはこのエージェンシーという

[4] Law, J. 1991 *A sociology of monsters*, Routledge.

[5] 本書3－2参照

[6] Laffont, J. & Martimort, D. 2002 *The theory of incentives*, Princeton University Press.

[7] 本書3－2参照
ピカリングがこうした議論を展開しているが私は評価しない。Pickering, A. 2010 Material culture and the dance of agency, In Hicks, D. & Beaudry, M. eds. *The Oxford handbook of material culture studies*, Oxford University Press.

言葉を法的な責任論と読み替えて議論するとよくわかる。モノにエージェンシーはいとしても、ではその結果（効果）に対して法的責任は問えるのか、等である。ＡＩが暴走して被害が出た場合、エージェンシーがあるＡＩを罰して牢屋に入れるのか、といったシュールな議論も不可能ではない。相手が地震や台風だと、その法的責任を問うのはさらに難しそうである。

## ■自然の多様性？

このように人とモノの諸要素がごちゃ混ぜになると、自然そのものも一元化できなくなる。実際、単一の自然と多様な文化といった図式をラトゥールは否定し、自然と文化はお互いに複雑に入り組んでおり、**ハイブリッド**（異種混淆物）だといった言い方を多用することになる。[8] さらには thing（あるいはドイツ語の Ding）という言葉の起源が、北欧語の **althing**（議会）という言葉であると指摘して、社会（人の集団としての議会に代表される）とモノという概念が相互浸透的に絡み合っていると、ほとんどハイデガー（M. Heidegger）ばりの言葉あそびまで援用している。[9]

こうした議論には、もちろん批判も多い。たとえばモノにまつわる政治という話を議会政治そのものに適用した場合、意思決定のシステムが、投票による多数決、それを規定する法的規定という大前提に対する大きな修正を生むのであろうか。それともこれは、ＳＴＳが一種の哲学的思弁に迷い込む、ある種の兆候なのであろうか。

［8］Latour, B. 2004 *Politics of nature*, Harvard University Press.

［9］Latour, B. & Weibel, P. 2005 *Making things public*, MIT Press. / Fukushima, M. 2005
Althing については、以下にドイツ、北欧系移民の文化として、多少記述がある。C・ウッダード 2017『11の国のアメリカ史』岩波書店

## ■分析のユニット

この自然、あるいは物質性の強調は、それと従来の社会科学的概念との関係をどうするかという新たな問題をよぶ。伝統的な概念、たとえば階級、エスニシティ、共同体(コミュニティ)、組織、さらに社会といった言葉は原語では複雑な歴史的経緯があり、それが日本語に翻訳されて流通している。たとえば**社会**と訳されるsocietyはラテン語のsocius(連れ)に由来し、親密なつながり、社交界等の意味を経て、さらに翻訳されて「社会」にいたっている。[10] その他の用語にも紆余曲折があるが、大抵は人間集団を記述する用語であるという特徴がある。もちろん、**階級**という用語は経済的な観点による人間集団の分類であると考えれば、そこに経済的/物質的な要素もある程度はふくまれている。また、別の新語、たとえば**実践共同体**(communities of practice)は、学習理論で用いられるが、ここでは学習環境の物理的な性質も重要視されている。[11] しかし近年のSTSにおける物質性強調の傾向からも、複数の要素(人、モノ、制度を含む)が一時的に集合して、ある特性を示すという観点から、こうした伝統的概念への複数の代替案が試みられている。

自然と社会が複雑に絡み合っているというパリ学派の主張からいえば、**ハイブリッド性**(異種混淆性)というのがもともとよく使われてきた言葉で、たとえば文化人類学等で一時期流行した**クレオール文化**[12]論(文化というのは純粋でなく、いろいろ混じっているという主張)といった語のSTS版のような側面もある。

[10] R・ウィリアムズ 1980『キイワード辞典』晶文社/N・ルーマン 2011『社会構造とゼマンティク』法政大学出版局

[11] J・レイヴ、E・ウェンガー 1993『状況に埋め込まれた学習』産業図書

[12] P・シャモワゾー、R・コンフィアン 1995『クレオールとは何か』平凡社

社会制度との関係でいえば、厳密にはＳＴＳ限定ではないが、フーコー（M. Foucault）のいう**装置**（dispositif）、つまりさまざまな法的、物理的、行政的な要素が一体となってある**傾向性**（disposition）あるいは力、を示す状態[13]といった話や、**アジャンスマン**（agencement）、つまりさまざまな部分の一次的、可塑的なつながりを示す語（英語ではassemblage）も散見する。[14] アクターネットワーク理論系では、後者が使われる傾向があるが、アートにおける**アッサンブラージュ**というのはラウシェンバーグ（R. Rauschenberg）のようなさまざまな要素をキャンバスの上に張りつけた雑然とした作品を示す。他方英語のassemblyといえば**議会**という意味もあり、かなり統合されたニュアンスがある。

問題は、こうした用語を使うＳＴＳの多くの研究が、歴史的な深度の浅い対象しか扱っておらず、そうした集合体（それを何とよぶかは別として）が、従来の制度論的な研究とどうかかわるのか、未だあまりはっきりしないという点である。こうした一時的集合体は、より長い時間軸の中では、新たな制度としてある種の安定的な再生産性をもつのか、それとも一時的な集合体として、すぐに雲散霧消してしまうのか、議論は未だ煮詰まっていない[15]のである。

**■拡散する諸理論**

実際、こうした動きを主導してきたパリ学派ですら、その動向は多様化しており、

[13] Foucault, M. 1977 The confession of the flesh, In Gordon, C. ed. 1980 *Power/knowledge*, Vintage.

[14] G・ドゥルーズ、F・ガタリ 1994『千のプラトー』河出書房新社

[15] 私個人はレジームという概念を使っている。福島真人 2017『真理の工場』6章／同 2019 Regimes on newness, *Interface Critique*, 2.

みながみな同じ方向に進んでいるわけでもない。たとえば、ＳＴＳの知見を**市場経済**の研究に応用する試みは最近非常に盛んである。[16] この場合ポイントは、実験室における実験装置とその研究対象の関係のアナロジーにあり、市場にかかわるさまざまなテクノロジー装置が、市場そのものの動きやその合理性を作り上げているという議論を押し進めている。

アクターネットワーク理論そのものの近傍でも、ある種の修正の動きが続く。この理論では、対象が問題化されている状況（たとえは論争的なそれ）は関心の対象になるが、それが安定し論争が終結すると話は背景に沈んでしまう。だが安定した対象がそれで消えるわけではなく、単に、見えなくなるだけである。そこに着目したのが一連のインフラ研究で、安定的に稼働し、それゆえ見えなくなっている対象に注目する。都市テクノロジーのように、一度形態が決まるとそれが長期的に持続するという性質は（テクノロジーの）**堅牢さ**（obduracy）とよばれるが、それもその実例の一つである。[17] さらに、アクターネットワーク理論に代表される抽象度のきわめて高い議論は、理論的な予測を生み出せず、理論というよりも一種の特殊な存在論の類だ、と批判する声も絶えない。社会学等ではマートン（R. Merton）以来、高度に抽象的な一般論に対して、**中範囲理論**の必要性、つまり具体的なテーマに話を絞った理論構築を急ぐべきだという議論も少なくないのである。[18]

〔福島真人〕

[16] 本書３－３、３－４参照

[17] 本書５－１参照

[18] Geels, F. 2007 Feelings of discontent and the promise of middle range theory for STS, *Science, Technology, & Human Values*, 32(6).

## 1-4 社会科学としてのＳＴＳ

ＳＴＳとは元来自然科学のダイナミズムを社会科学の目を通して観察する作業と定義すれば、その両者の関係性をめぐって、いくつかの立場を分類してみることが可能である。一番わかりやすい図式は、自然科学を一つの閉ざされた領域と考え、その周辺にそれ以外の社会一般を対比し、その関係を論じるというタイプである。科学者の閉じた専門性と、その外側の社会におけるその意味、異議、あるいは問題といった形での議論がこれにあてはまる。これを第一の流れにすると、最もわかりやすい実例は科学コミュニケーションとその諸問題、あるいは科学界から発生した諸問題を市民と共同で考えるといったタイプの議論である。[1] さらに科学における倫理問題といった話も、その問題を特殊な、閉じた空間におけるそれと暗黙のうちに前提としているという意味で、そのバリエーションとみなすことができる。[2] この図式は科学者自体の自己認識にも近い面があるため、ＳＴＳの名で、本邦で最もよくみられるのは、このタイプの図式である。

だがこの枠組みは、科学のダイナミズムを社会科学の目を通じて、というＳＴＳの

[1] 本書７－１参照

[2] 本書コラム２「リンリ・りんりというけれど」参照

目論見からいえば、あくまで数ある問題群の一部にすぎない。この図式では、そもそも科学共同体の実践様式についての知見が拡大するとはいえず、その社会的、経済的、文化的な特性をより深く理解するためには不十分である。かなりの数の社会科学者が、実際の科学的実践の様態をより深く理解する目的で、わざわざラボの現場に赴いたり、その現実の活動をつぶさに観察し直したりするのは、まさに通常いわれている科学実践のイメージを現実の多様なそれに置き換えるためである。これを第二の流れとよぶとすれば、本書での中核はまさにこの潮流である。後述するようにこうした科学的実践のミクロ／マクロの研究は、その後のＳＴＳ研究に大きな影響を与えたのである。[3]

科学的実践そのものをブラックボックス化せず、あえてその実践の内容に踏み込むという作業は、当然のことながら、多くの発見と同時に、新たな問題、軋轢、反作用を生むことになる。社会科学側の最も強気なアプローチの一つがブルアに代表される**社会構築主義**のそれで、デュルケーム以来の社会学的カント主義の強い伝統に基づいていることは紹介した。[4] だがこの立場は、科学者たちの猛烈な反発にあったと同時に、その反発そのものがＳＴＳ自体にも影響を与えることになる。社会「科学」という言い方が示すように、歴史的にいえば、社会科学の多くは自然科学の多様な側面をいわば目標とし、それをまねて自己のアイデンティティを形成してきたのである。そうした自然科学主義への抵抗として、人文的、哲学的、テキスト論的等な多様な反

[3] 本書４－２参照

[4] 本書１－２参照。ＳＴＳを多少かじったような評者の中には、ＳＴＳとは社会構築主義だと信じている連中もいる。

動もその内部で形成されてきた。別にセールの指摘を待つまでもなく、自然科学と社会科学はある意味一連託生なのである。こうした文脈で科学を考えることは、STSそのものの特性を反照的、自省的（reflexive）に考えることを同時に意味する。これが80年代に活発になされたSTSの**反照性**（reflexivity）をめぐる議論である。この議論に対して、ブルア派の人びとは全く反応しなかったという点も興味深い[5]。

さらに、ストロングプログラム（社会学的カント主義）に大きな影響を与えたクーンのパラダイム論だが、実は微妙な側面がある点も興味深い。科学共同体に参入して、特定パラダイムを習得する新人たちは、ある意味それによって認識が固定化するという意味で、社会学的カント主義的にみえる。しかし問題は、こうした旧パラダイムを揺るがす事態、あるいはデータそのものは一体どこからくるかという問いである。パラダイムをささえる科学者集団の社会的構成が変わるから変化するのであろうか？

## ■「驚き」としての自然

実際、自然科学における実験や観察における最大の成果は何であろうか。それは従来の学説（定説、仮説）を大きく覆すような結果が得られたときであり、その衝撃である。科学史の研究は、こうした衝撃が与える関係研究者たちの諸反応（興奮から懐疑にいたるまで）を詳しく描いたものが少なくないが、当然こうした成果が実は誤

[5] Ashmore, M. 1989 *The reflexive thesis*, University of Chicago Press.／福島真人 2020「言葉とモノ」藤垣裕子他（編）『科学技術社会論の挑戦3』東京大学出版会

解、アーティファクト（人工的な結果）で大ファールであった場合も少なくない。[6] 世紀の大発見に関する多くの悲喜劇は、まさに大発見なのか大ファールかなかなかわからないことが多いことにもよる。パラダイム論の面白さの一つは、まさに旧パラダイムで教育された人びとが新たな事実を受け入れられず、場合によっては旧世代が死に絶えることで、学説が受け入れられるといった事態すらありうるという点にもある。[7] 他方、それを揺るがす新事実の由来をパラダイムの内部に探すのは無理だろう。それはふいに、パラダイムの外からやってきて、旧来のシステムに揺さぶりをかけるのである。自然科学の究極の醍醐味はまさにそこにあるといっていい。

こうして突然現れる自然の相貌は、たとえばある種の異物、あるいは（やや擬人的だが）他者といった表現で描かれるのが相応しい。ハラウェイ（D. Haraway）は70年代記号論風にそれを「トリックスター」とよんでいるが、いたずらっぽく、神出鬼没な自然の姿をそう言い表している。[8] あるいはカントを裏切って、モノ自体の衝撃といってもいいかもしれない。

別の研究者は、この衝撃を「驚き」というテーマで論じている。[9] この驚きに付随するのは、対応する研究組織に要求される柔軟性である。何しろ何が飛びでてくるのかわからないとしたら、それに対応して事前に準備するのは不可能である。それゆえ研究組織にはある種究極の柔軟性が求められることになり、それはリスク（事前に発生確率のわかるもの）ではなく、不確実性（わからないもの）ということになる。

［6］たとえば、I・クロッツ 1989「教科書には載らなかった大発見」『幻の大発見』（朝日新聞社）を参照。

［7］クーンの指摘。T・クーン 1971『科学革命の構造』みすず書房

［8］Haraway, D. 2000 *How like a leaf*, Routledge.

［9］Gross, M. 2010 *Ignorance and surprise*, MIT Press.

## ■思弁としての自然

第三の潮流があるとすれば、こうしたさまざまな省察から、自然の意味について、より哲学的な領域に踏み込むものである。ここにいたって議論が格段に錯綜としてくるのは、STSの社会科学的アプローチとは異なる起源の議論もここに闖入し、乱戦になるからである。[10] そもそも概念としての nature（φύσις, natura）の長い変遷の歴史は、哲学史の重要な論点の一つであると同時に、[11] 科学史や文化史といった研究分野においても、この nature という言葉がもつある種の文化社会的イメージ（たとえばジェンダーとのかかわりでそれが女性化されて表象されてきたといった）についても多くの優れた研究が存在する。[12] さらにその対応概念とされる日本語の「自然」（ジネン、シゼン）という言葉も、おのずからなる、という意味とより最近のいわば物化された自然の概念が、複雑に絡み合っているという点を指摘する研究もある。[13]

こうした文脈で、STS側でも、新たな社会学的な枠組みの探求として、従来はSTSの文脈であまり取り上げられてこなかった哲学者、たとえばホワイトヘッド（A. Whitehead）のプロセス哲学[14]の再読といった理論的試みもある。しかしもともとが学際的なSTSでは、その方向性は多様で、どこか収束に向かっているとは言いがたい。前述した第一の流れからいえば、こうした抽象化は実践的な諸課題からの逃避としか見えない側面もあるし、第二の流れからいえば、経験的な社会科学との関係がはっきりしない。実際この立場から旧来のSTSの議論が「中範囲の理論」を欠いて

[10] たとえば、新物質主義という近年の議論は、STSと関係ないものも少なくない。Dolphijn, R. & van der Tuin, I. 2012 *New materialism*, Open Humanities Press.

[11] Cassin, B. & Rendall, S. eds. 2014 *Dictionary of untranslatables*, Princeton University Press. ／R・ウィリアムズ 2002『完訳キーワード辞典』平凡社

[12] 本書4－4参照

[13] 柳父章 1977『翻訳の思想』平凡社

[14] 本書3－2参照

いるという強烈な批判もあることは紹介した。[15]近年でのデューイ（J. Dewey）の社会的プラグマティズムへの強い関心がＳＴＳで復活しつつあるのも、実はデューイが戦前から、こうした哲学と実践、経験的な研究の統合を目指していたという点もあり、それが近年再評価されつつあるからである。[16]

かつて記号論という学際領域があり、70年代に人文社会系で大きな影響をもった。現在記号論を直接語る人は少ないが、しかしその知見は現在の知見のいわば知的インフラという側面がある。実際アクターネットワーク理論は、部分的には記号論的でもある。[17]他方、すべての知的遺産がそうであるように、潮流は変化し、ＳＴＳもまたいずれその流行がおわり、人は忙しく他のトレンドを追い求めることになろう。しかしこうした課題は決して消えるのではなく、形を変え復活することも多い。その意味では、新たな知的インフラの地層がここにできつつあるのである。

〔福島真人〕

[15] Geels, F. 2007 Feelings of discontent and the promise of middle range theory for STS, *Science, Technology, & Human Values*, 32(6).

[16] 本書７－１参照／福島 2020 前掲［5］

[17] 山口昌男 1983『説き語り記号論』国文社

## コラム1　ラトゥール神話

福島真人

国際的STSを語るうえで、ラトゥールの存在は欠かせないが、他方その位置づけにはさまざまな留保が必要である。特に本邦では、ラトゥールの名前すら知らないとしか思えない論者（特に自然科学出身系の人びと）がいる一方で、他方STSといえばラトゥールしか知らない人（哲学、人文系に多い）もいるからなおさらである。

欧州を中心とした黎明期のSTSにおいて、ラトゥールが果たした役割は否定すべくもない。ラボラトリー研究の端緒、アクターネットワーク理論の共同創設、従来の研究（特に社会学）に対する挑発的論争、アート関係での貢献、哲学さらには近年のガイア論等、遠くからみるとまさに八面六臂の活躍にみえる。実際、ある時期はSTSの広告塔としてあちこちを駆け回っていたので、STS＝ラトゥールのような神話が生じても致し方がない面もある。

しかしより接近してみると、こうしたイメージにはかなり問題があるのも事実である。のちにパリ政治学院に移籍するまで（この移籍そのものもフランスでは異例らしかったが）の彼の活動は、パリ鉱山学院のカロンのラボ中心だったが、ここから生まれたアクターネットワーク理論は、このラボでの共同研究による多くの人の知見のたまものであり、ラトゥールの独創ではない。実際このラボ所属以前の彼の本（*Laboratory Life*）はむしろブルデュー風の理論構成に基づいている。さらにこのカロン・ラボの議論はセールの議論に多くを負っており、基本概念の多くはセールに由来する。

他方、カロンも含めてその経歴が社会学、人類学等を正式には経てないため、過去の議論を気楽にバイパスする傾向もある。スウェーデンのSTS集会で、ある科学史家が、カロンらが過去の重要な議論を無視し、あたかも自分たちがそうした議論を新規に作り出したようなことを主張するとかなり厳しく論難するのを聞いて驚いたが、逆に近年になってラトゥールらがデューイを持ち上げるようになった点に、私自身はある種のうさん臭さを感じる。かつて80年代には（スターらの基盤とする）プラグマティズム哲学になど見向きもしなかったと聞いているからである。実際、ラトゥールは現在にいたるまで、スターの有名な「境界物」（boundary object）といった概念を認めていない。また、ラトゥールは一時期デュルケームたたきに熱を上げていたが、他方彼が高く評価するフレックの「思考の共同体」（Denkkollektiv）といった概念は、もともとデュルケームに由来している（実際フレックはデュルケームを参照している）。また近年でのガイア論へののめり込みも、なんだかセールの『自然契約』の焼き直しではないのか、と食指が動かないのである。

さらにSTS業界内でも、もともと発想が対立している（英国系）社会学諸派に加え、本論でも触れた中範囲理論の欠如（オランダ人による批判）、さらにフェミニズム系理論に対する基本的な無関心に対する反発（特に米国内）、さらにはアート系からも、他のキュレーターと共同で、過去複数の展覧会を主催しているものの、アートを形成するそうした制度そのものへの批判性の欠如（フランケとの会話）等といった批判がある。

本人が注目を集めているため、批判もまた集中することになるが、こうした形でのラトゥール神話を相対化したうえで、評価すべき点があるとすれば、一つはその驚くべき知的貪欲さとでもいおうか。おもしろそうなことがあれば、とにかくどこへでも行くという雰囲気は当時も漂っていた。パリでは複数の人びとがそれを「まるで赤ちゃんのよう」と表していたが。そのフットワークの軽さは、他のフランス知識人に感じられるある種の制度的重々しさとは異なっている。フーコーやデリダらを輩出した高等師範学校の出ではなく、そうした知識人エリート集団とは出自が異なるからかもしれない。

他方、そうした表面上の軽さとは別に何か含み味のような色彩があるのは、彼が教会に足しげく通うカトリック信者であり、しかもその家系はかつて異端審問で悪名を馳せたドミニコ会の修道尼まで輩出しているという点である（食人論で有名なブラジル人人類学者との会話）。ラトゥールが論じたいのは、本当にモノの話なのか、それとも神の話なのか実はわからない点もある。実際、カロン・ラボの初期には、（ネットワークによる）「媒介」を数回経由することで、われわれは最終的には天使にいたる、といった話をして、全くの世俗的左翼であるカロンを怒らせたりしたという。

私が興味をもつとすれば、こうした側面である。先日本人が来日した際に、この件を問うてみたが、それを語ることを自分に禁じている、という。なぜ禁じているのかは聞かなかった。モノやネットワークという話も、聖書のそれがそうであるように、二重三重の含意が込められているのかもしれない。何しろそれで神学の学位をとっているのだから。

# 第2章 境界

科学技術を含めた学問的営為は、常に特定の境界の中で練り上げられた知識や技能の体系と密接にかかわっている。科学の専門性はその境界を厳密に管理することによって生じ、科学／非科学という境界は、科学の存在意義そのものである。それゆえ科学をめぐる境界の問題は、その真理性要求の根幹にある。他方科学は継続的な革新により、その境界を常に見直してきた。境界こそまさに、科学の組織的ダイナミズムの基礎である。

## 2-1 科学の境界

どんな社会集団においても、その内部と外部を区別する**境界**は重要な役割を果たす。ムラや仲間集団では、その集団に対する帰属によって、**ウチとソト**の弁別が生まれ、一方でそれは個人の**アイデンティティ**と密接に関係すると同時に、他方では所属者の特性、専門性、あるいは個性を同定する手段ともなる。多くの職人集団、ギルドといったものは、まさにその成員性によってメンバーの能力を外部に対して保証することになるが、研究者集団ももちろんその例外ではない。当然、特定集団のウチとソトをどう同定し、弁別するかは、その集団にとっても必須の行為となる。[1]

### ■学問の境界

自然科学、社会人文系を問わず、研究者集団に存在する境界は複雑な階層性をもっている。実際、新たな分野が成長してくると、その研究の妥当性を誰が審査し、正当化するという点に、その境界問題が見え隠れする。多くのいわゆるハイフンつき分野（○○-××学といった）、たとえば筆者が調査した**ケミカルバイオロジー**は、化

[1] 職業社会学から民族的アイデンティティ論まで、その関係する内容は多岐にわたる。

学と生物学の境界領域として近年急速に拡大した分野である。[2] 学問の進展に伴って、こうした中間領域が多数発生するが、多くは似たような境界問題にさらされることになる。旧来の集団からみれば、その内容が周辺的に感じられ、専門性が低いと認識されかねないからである。前述したケミカルバイオロジーは、低分子化合物を利用した生物学研究だが、高度に複雑な化合物を合成する化学分野からいえば、あまり興味をそそらない面もある。[3] 他方従来の生物学側からいえば、こうした新参者の研究が、本当に新たな知見をもたらすのか、半信半疑の場合も少なくない。いわゆる学際的研究は、それが領域間の中間にあるために、どちらからみても不十分という低評価にあえぐリスクがある。こうした従来の境界の外に新規研究がある場合、一つの解決法は新たな分野を創設することである。まさにその戦略に基づき、ケミカルバイオロジーは新規のジャーナルを創設し、独自の基準で論文を査読し、その勢力を拡大していく。と同時に大学という研究者再生産の分野でも従来の化学系学部にケミカルバイオロジーを追加して、業界の制度化に勤しむことになる。[4]

ラトゥールらの**ラボラトリー研究**のミクロ社会学・人類学的な視点[5]を評価しつつ、ルノワール（T. Lenoir）はこうした科学の**制度化**という過程を忘れるべきではないことを強調する。科学が作られる、とはミクロレベルでの研究過程のダイナミズムと同時に、その行為自体がより大きな制度的枠組みの中でどういう社会的な正当性をもつかという点への関心ともつながる。[6] 近年話題の**合成生物学**のように、特に英国等で

[2] よく間違われるが、より長い伝統をもつ生化学（biochemistry）とは異なる。低分子化合物を利用して生命現象を探ろうという学問である。福島真人 2017『真理の工場』東京大学出版会

[3] 佐藤健太郎 2007『有機化学美術館へようこそ』技術評論社

[4] 別の例では、たとえば正と偽の二値論理に基づかない、中間的な値をベースとしたファジー論理学の場合のように、その創始者のザデー（L. Zadeh）の論文は、どの専門ジャーナルからも掲載を拒否され、自分のそれを造るしかなかったという苦い経験もある。D・マクニール他 1995『ファジィ・ロジック』新曜社

[5] 本書4-2参照

[6] Lenoir, T. 1997 *Instituting science*, Stanford University Press.

は国が率先してその活動を支援しているようであるが、これなどは一種の制度的成功例であろう。[7] ではすべての新興勢力がこのようにうまくいくのであろうか。

## ■境界同定作業

多くの科学史研究は、話がそううまくいかなかったことを如実に示している。多くの消えていった学説同様、特定の専門分野もその正当性の確立に失敗し、大学等での制度的再生産が出来ないでいる。ここでの境界とは、単に特定分野とその外という問題だけでなく、もっと一般に科学／非科学の境界線という大問題を含んでいるのである。

ＳＴＳで、こうした概念を一般的に定式化したのは、ギエリン（T. Gieryn）の**境界同定作業**（boundary work）という言葉である。[8] ここでいう**作業**（work）とは、**象徴的相互作用論者**たちが、病院におけるさまざまな作業を分析した有名な前例で用いたものである。[9] 科学における境界同定作業とは、科学者等が行う、ここまでが科学的に受け入れられ、ここからは非科学と断定される境界を決定する作業のことである。

この作業が重要なのは、「科学的である」ということがほとんど「真理である」ことと等価であると広く信じられているからである。「非科学的」とレッテルが張られることは、その主張の真理性が直接疑われることを意味する。こうした境界同定作業はあらゆるところにあるが、わかりやすい例は一般に似非科学的な主張に対する科学

[7] 本書コラム８「合成生物学ＥＬＳＩの巨波の後で」参照

[8] Gieryn, T. 1999 *Cultural boundaries of science*, University of Chicago Press.

[9] 治癒的行為以外にも、機械の使用や患者を慰める行為等もこうした作業として記述されている。Strauss, A. et al. 1985 *Social organization of medical work*, University of Chicago Press.

側の攻撃である。こうした作業は科学者だけが行っているわけではなく、周辺の専門家たち（たとえば哲学者等）もその作業に一枚噛んでいるのはよく知られている。たとえば科学は**反証可能**でなければならない、というポパー（K. Popper）の有名な主張は、それによりマルクス主義や精神分析を（どんな反論にでも対応できるように見えたため）科学よりも一段地位の低いものとして同定するのに役立ってきた。[10]

だが経験的ＳＴＳが興味をもつのは、この境界の作られ方そのものである。実際こうした科学／非科学の境界は、見かけよりはるかに複雑であるというのがＳＴＳの主張である。コリンズ（H. Collins）とピンチ（T. Pinch）によるいわゆる心霊科学の研究はその代表的なケースである。心霊科学者達の主張を注意深く観察しつつ、コリンズらは、その研究の手続きにおいて、心霊科学が科学ではない、と主張する根拠は薄いと見出し、それが非科学とされるのは、ひとえに心霊現象という「怪しげな」テーマを研究しているという点においてのみではないか、という興味深い主張をしている。[11]

実際特定分野の科学者が、その科学性に関して自／他の間に引く境界線はかなりアドホックなものも多い。ある地球物理学者は、医学における疫学的な研究に初めて接して、こんなの科学じゃない、と絶叫したというが、もちろんこの研究者が医学領域で新たな展開をみせたという話は聞かない。あるいは先端的な生物学者が、エンジニア相手に、生物学ではいかに対象の物理的量や速度を測定するのが難しいかを、申し訳なさそうに説明するのを聞いて、吹き出したこともある。多様なアプローチが共存

[10] K・ポパー 1980『推測と反駁』法政大学出版局

[11] Collins, H. & Pinch, T. 1982 *Frames of meaning*, Routledge & K. Paul.

する科学内部では、さまざまな形での階層性や境界が潜在することの実例である。こうした観点が重要なのは、科学／非科学の境界線は歴史的にも大きく変化するからであり、ある時代に排除された科学が、別の時代には復活したりといったことが常に起こりうるからである。[12] フーコー（M. Foucault）の『狂気の歴史』が、まさに理性（raison）と非理性（狂気 déraison）の間の境界線が歴史的にどう変化してきたかを観察する試みであることはよく知られている。[13]

ＳＴＳがこの境界問題に興味をもつ別の理由は、厳密な意味での科学的知識とはいえないと一般に信じられている知識体系について、その扱いを再検討するという関心による。それはしばしば**専門家／非専門家**の境界における知識のあり方と定式化され、活発な議論をよんできた。チェルノブイリ原発事故時の専門家の限界と現場の人の知見の重要性、あるいはエイズ治療薬開発における患者たちそのものの参加による、創薬過程の改善、といったテーマがそれにあたる。[14] この非専門家という言葉を市民一般と置き換えれば、科学／**市民**関係の吟味ということになる。[15] またその市民が先導する科学もあるだろうという主張にもつながる。[16] 他方その対象を大きく世界全体に広げれば、それはさまざまなタイプの**民俗的知識**と科学の関係をどう捉えるか、という議論にもなる。[17]

だがこうした議論も、境界同定側からみれば、科学がもつ強固な真理性への要求をないがしろにしようとするケシカラン立場とみられるリスクもある。実際かなり前に

[12] R・ウォリス（編）1986『排除される知』青土社

[13] M・フーコー 1975『狂気の歴史』新潮社

[14] この二つの事例の要約は以下に収録されている。H・コリンズ、T・ピンチ 1997『七つの科学事件ファイル』化学同人

[15] 本書7－1参照

[16] 本書7－2参照

[17] 本書4－3参照

日本で開催されたSTS系国際会議では、居並ぶ国際的研究者たちを前に、ある米国人学者が「科学に真理はないのか」というド直球の質問をして、壇上の論者たちをひるませていた。しかし現実には、STSが「科学に真理はない」といった馬鹿げた主張をしているのではなく、むしろその真理を担保する境界は思いのほか複雑であり、それは科学者や一般人のイメージとはしばしば異なるという点に関心がある。実際、この問いに対して、オランダの学者が「科学は堅牢な（robust）知識を提供する」と応答していたが、まさにこの「堅牢」な知識がどういう過程で形成されるのか、まだどういう条件でその堅牢さが担保できないかを研究するのがわれわれの役割である。

かつて筆者は、一般的な民族学的問題として、特定民族の**自己表象**（自己の語り）とその民族の**行動様式**（実際の行動の中のパターン）のずれについて論文を物したことがある。[18] そのポイントは、自己表象は、現実の行動様式とは違い、多くの場合かなり単純化され、それを語る相手に応じてその使い方が異なるという点である。外部においてきわめて堅牢な知識を提供する科学というイメージの背後には、常にダイナミックに変動し、領域によっては論争が絶えないという現実の姿がある。境界同定作業についてのわれわれの深い関心は、まさにそのギャップの埋め方にも関係してくるのである。

〔福島真人〕

〔18〕福島真人 1992「説明の様式について」『東洋文化研究所紀要』116. https://ssu-ast.weebly.com/2698932318.html（2021/04/08取得）

2-2

# 協業

境界は集団のウチとソトを区別し、境界同定作業の概念はそのような境界の排除的側面に焦点をおいている。[1] しかし、二つ以上の集団が接触する界面では、資源の取り合いや競争相手の排除のみならず、相互の協働、協力関係も存在し、単独では対処できない問題に対処するという場面もよくみられる。[2] その場合、異なる集団を共通の関心事項に繋ぎとめ、協力関係を持続させる組織面の工夫が重要となる。

## ■集団と集団を繋ぐ界面

科学者集団が対応を求められる問題も、内部者の間で発達させてきた手段のみで解決できるとは限らない。その点に着目したのが、ジャサノフ（S. Jasanoff）による**規制科学**（regulatory science）の研究である。[3] 化学物質などの、科学の生産物が生み出すリスクがおおやけになってきた1970年代を背景に、規制当局の必要に答える知識生産の役割を担う分野が急成長した。[4] その分野を既存の科学（research science）から区別し、規制科学と称したジャサノフは、科学一般と比べて規制科学が高い不確実

[1] 本書2－1参照

[2] 本節で紹介する研究は、共通の関心事項を中心に複数の専門職集団が交流しながら相互依存的生態系を形成していく過程に注目したシカゴ学派社会学から影響されている。

STSとシカゴ学派社会学の関係については以下が詳細に述べている。Clarke, A. & Star, S. L. 2008 The social worlds framework. In Hackett, E. et al. eds. *The handbook of science and technology studies* 3rd ed, MIT Press.

[3] Jasanoff, S. 1990 *Fifth branch*, Harvard University Press.

[4] 科学と規制については本書5－2参照

性をもつ問題を多く抱え、それらに対応する方法を探していたことに注目したのである。たとえば、微量の化学物質に数十年間露出されることのリスクを、比較的短期間の動物実験から判断する必要がある場合、こうした間接的証拠は不確実性が高く、科学者たちの判断も分かれる。また、本来の科学的方法では、実験を繰り返しつつ精度を上げるという長い過程が必要で、根拠がそろっていない状況で、的確な判断をするのには向いていない。[5] その一方で政策決定者は、対立する利害関係や見解の調整のためのガイドラインを発達させてきた。ジャサノフは、規制の緊急性と比べて科学的コンセンサスの形成が遅れるという問題に対応して、規制科学がそのようなガイドラインを科学者の間の妥協案を探る方法として展開してきたと主張する。それは科学の内部と外部を厳格に区別し、内部者の方式のみでの解決に固執していたらとることができない方法であり、科学者集団と政策決定者の接点を有効に活用したことで可能になったものである。

他集団との接点を増やし、さらには協力関係を形成するために、集団の内部特性や専門性の境界を乗り越える必要がある場面は、こうした政策的局面に限定されない。STSは、科学研究の一般的ルーティンの中でも同様の場面がみられることを示してきた。[6] フジムラ（J. Fujimura）は、がん研究に参入した分子生物学の事例を取り上げ、実験の段階に応じて複数の学問分野（たとえば生化学や免疫学）との協力関係を広めていく過程を検討した。すでに定着している各分野の研究関心や実験方式を分子

[5] 本書4－2参照

[6] 本書3－1参照

生物学との協業に合わせて調整するには、多くの努力とコストが必要であり、それが協働の主な障害物であったと彼女は指摘している。[7] 分子生物学が独自の研究問題と実験設計の専門化を進めるだけでは、協力関係の形成は一層難しくなるのである。

科学のウチとソトの区別、そして専門化への努力が科学の活動の重要な一部を成すことは確かであり、境界同定作業が科学の行動様式に対する理解を深められる研究問題をSTSの中で提示してきたことにも変わりはない。むしろ、分子生物学の事例が示すように、境界同定作業が広く行われているからこそ、境界における協力関係形成の可能性は説明を必要とする興味深い問題となるのである。

## ■境界物

科学と非科学、専門家と非専門家、または異なる専門の間で協力関係を形成することとは、どういう方法で可能になるのか。その答えの一つは、多様な観点と利害関心をもつ関係者たちが、活動目標と内容に関する合意を形成していく過程の中から探ることができるかもしれない。[8] あるいは、アクターネットワーク理論が強調するように、より多くの連携を作り出そうと働きかける中心的アクターの動きをたどることで、答えの手がかりが見つかるかもしれない。[9]

これらのアプローチとは別の観点から、境界間の協働の問題に対して大きな影響を与えた概念が、スター（S. Leigh-Star）とグリーズマー（J. Griesemer）による、**境界**

[7] Fujimura, J. 1988 The molecular biological bandwagon in cancer research, *Social Problems*, 35(3).

[8] Kleinmann, D. ed. 2000 *Science, technology, and democracy*, State University of New York Press.

[9] 本書1－2参照

**物**（boundary object）という概念である。[10] この概念における「物」とは、一般的な意味に加え、コンピューター科学の「オブジェクト」（または「客体」）をも意味し、働きかけることができるのであれば物理的なモノから、理論と概念、方法と技術、または制度や組織まで何でも含まれる。その中で、多様な観点に合わせて意味と用途を変えられ、複数の集団が目的や行動様式を変えずとも一緒に働きかけることができるものを境界物とよぶのである。[11]

境界物概念の重要性は、関係者の間にコンセンサスや強い求心力がない状態（つまり境界物が何を意味するか、関係者の間で共通理解が存在しない状態）でも、分散的な形で協力関係を構築できるという点である。スターとグリーズマーが挙げたカリフォルニア州立大学バークレー校の脊椎動物学博物館の事例では、地域の動物の標本を収集するという活動は、関係者ごとに、進化論研究、自然保存、地域貢献などの異なる目的をもつと理解され、さらにどの目的（たとえば自然保存活動）においても、複数の解釈（たとえば啓蒙活動や研究材料の保存活動など）が共存していたという。重要なのは、博物館に協力していた集団がすべて同意できる解釈はなかったにもかかわらず、動物標本という境界物を中心とする協力関係は持続できたという点である。[12]

## ■パッケージと標準

境界物を媒介として形成された協力関係が、いつも満足できるものになるとは限ら

[10] Star, S. L. & Griesemer, J. 1989 Institutional ecology, 'translations' and boundary objects, *Social Studies of Science*, 19(3).

[11] いわば玉虫色の解釈を可能にするようなモノ、対象のことである。Star, S. L. 2010 This is not a boundary object, *Science, Technology, & Human Values*, 35(5).

[12] 初期のアクターネットワーク理論では、利害の翻訳はある種の（翻訳）センターや個人が行うとみなしていたが（たとえばパスツール）、境界物の概念はそうした翻訳があらゆる領域で行われるとした。Star & Griesemer 1989 前掲 [10]

ない。福島は、解析の柔軟性によって、葛藤と分裂を一時的に回避したとしても、その種が後で大きな問題に発展するケースを分析している。[13] またフジムラは、協力関係形成を促進する境界物の働きを認めつつも、その協力関係は科学的知識の生産に寄与できる力を失っている恐れもあると主張する。[14] **標準化されたパッケージ**（standardized package）という概念を提唱したフジムラは、協働の潤滑剤としての境界物に、研究方法の標準化のための装置を合わせてパッケージ化することで、解析的柔軟性をある程度制限・調整できるかを検討した。無論、境界物と標準化のバランスをとる作業は簡単ではなく、組み立て図を標準化したらデザイナーとエンジニアの協働を促す境界物としての機能がなくなったというケースもある。[15]

さらにこの標準化というテーマは、ＳＴＳの関心を集めてきた境界物の核心的機能の限界を検討する作業にもつながっている。コンセンサスも強い求心力もない状態で形成されたきわめて分散的な協力関係を、境界物はどこまで、またいつまで維持できるのだろうか。境界物の安定性を問うこの問いに対して、スターは境界物の概念の最も有効な適用範囲は組織レベルであると答えている。[16] 実際のところ、境界物の概念は組織レベルを超えて、国際協力のレベルまで適用が試されてきたが、境界物により広い範囲の安定性を与えるメカニズムに関してはもっと慎重な検討が必要である。彼女がルーレダ（K. Ruhleder）とインフラストラクチャーの研究に進んだ背景にも、境界物が安定化、不可視化するメカニズムへの関心があった。[17] そして同様の関心に基づ

[13] 福島は境界物の一バリエーションとして、それの不在が人を協働させる「反境界物」という概念を提唱している。福島真人 2017「巨大プロジェクトの盛衰」『真理の工場』東京大学出版会

[14] Fujimura, J. 1992 Crafting science, In Pickering, A. ed. *Science as practice and culture*, The University of Chicago Press.

[15] Henderson, K. 1991 Flexible sketches and inflexible data bases, *Science, Technology, & Human Values*, 16(4).

[16] Star 2010 前掲［11］

[17] 本書５－１参照

き、スターはランプランド（M. Lampland）らと標準化の研究にも取り組んでいる。[18]

標準化と境界物の関係については、国際疾病分類、人種分類、技術規格、そして標準保険料率を含むさまざまな事例が研究された。[19] その結果標準化と境界物の関係の複雑さが明らかになった。たとえば、経済統計では、失業率などの標準的な計算方式が経済制度や慣習に応じて異なってくる面があり、会計標準においても「価値」などの核心概念への複数のアプローチが共存している。[20] さらに、その国際比較においてもある程度の解析面での柔軟性が許されていることから、こうした標準が境界物として働く様子がみられる。実際、柔軟性が過度に制限されると、各国経済の制度化された行動様式や統計制度を大きく変えない限り、標準に従うことが難しくなり、標準への抵抗も増えてしまうのである。標準と現場の活動様式を柔軟に調和させることで、標準化をめぐる協力関係を促す作業は、経済統計からＤＮＡ鑑定まで、標準化が要求されているさまざまな分野で共通的に求められているものである。[21]

また、標準化が進むことで新しい境界物が生まれる場合もある。人種分類や人口統計などの標準化が進むほど、それにうまく当てはまらない残余範疇も明確になり、マイノリティ集団の形成、政治勢力間の調整、そして新しい境界物の誕生というルートもありある。このような境界物と標準化の複雑な関係は、境界物の安定性の問題を一気に解決できる妙案はないことを明らかにしつつ、境界物の概念が興味深い研究問題を引き続き生み出せる可能性を示しているのである。

〔ソン・ジュンウ〕

[18] Lampland, M. & Star, S. L. eds. 2009 *Standards and their stories*, Cornell University Press.

[19] 概括的紹介としては以下を参照。Timmermans, S. & Epstein, S. 2010 A world of standards but not a standard world, *Annual Review of Sociology*, 36(1).

[20] Biondi, Y. & Suzuki, T. 2007 Socio-economic impacts of international accounting standards, *Socio-economic Review*, 5(4). / Desrosières, A. 2014. Statistics and social critique, *Partecipazione e Conflitto*, 7(2).

[21] 鈴木は、法科学の実験室内部の活動の標準化と国際的標準化が相互作用しながら発展する様子を明らかにしている。鈴木舞 2017『科学鑑定のエスノグラフィ』東京大学出版会

2-3

# 再編成

科学や学問一般の境界は、その内部者を弁別できる基準になる同時に、外部者との協働を図る接点ともなる。この場合、内部者と外部者がそれぞれ一つの集団にまとまっていることには変わりがない。[1] しかしこれは、科学や専門性の境界がいつも自明であるということを意味しない。境界同定作業は、物質的・象徴的資源をめぐる競争で優位を占めるための科学者集団の戦略によって変わるアドホックなものが多いとギエリンは主張する。[2] しかし、境界同定の方式を戦略的に変えているのは科学者集団で、科学者集団の利害関心に応じて戦略が決まることには変わりがない。たとえば、科学者集団と政策決定者集団の間の競争が、途中に両者を横断する二つの集団の間の競争に再編成されることはないとされる。また、大企業体制で代表されてきた企業「集団」が競争環境の変化に応じて「ネットワーク」組織へと体制を変えたように、科学者「集団」が周辺との競争を通じて新しい組織形態へと移行するということはあまりないようにみえる。しかし境界同定作業と境界物の概念から活発化した、科学の境界をめぐる議論は、集団の再編成や新しい組織形態の発展を視野に入れる方向へと

[1] 本書2-1、2-2参照

[2] Gieryn, T. 1983 Boundary-work and the demarcation of science from non-science, *American Sociological Review*, 48.

展開している。

■集団の再編成と新しい組織形態

その例が、ガストン（D. Guston）の**境界組織**（boundary organization）という概念である。ガストンは、科学者集団と政策決定者集団が協働するための事業や対象を作り出す過程を支援する仲介組織を、境界組織とよんでいる。[3] ガストンは、境界組織の一つの典型として、**米国技術移転局**を取り上げ、それぞれ独自の利害関心をもつ二つの集団（研究者と政策決定者）の要求を同時に満足させる代理人の働きとして、この組織の活動を分析する。[4] このガストンの仲介組織についての研究は、専門家集団と政策決定者集団の協力関係を形成する作業そのものの専門化および制度化可能性を示したことで、後の議論に大きな影響を与えたが、[5] 他方専門家集団のあり方に関しては、内容が一枚岩のようにまとまっていることを暗黙の前提としていた。技術移転以外にも生物多様性、持続可能な開発、気候変動等、さまざまな領域で観察できる境界組織の存在と働きに興味を示しつつ、STSはこうした前提の問題点を明らかにしてきたのである。

まず、境界組織が仲介する「科学」とは、科学的コンセンサスを形成できる分野に限らない。技術移転と実用化の段階にある知識とは違い、気候変動のようにまだ知識の不確実性が高い分野では、研究者も（そして政策決定者も）その意見が大きく分か

[3] Guston, D. 1999 Stabilizing the boundary between US politics and science, *Social Studies of Science*, 29(1).

[4] ガストンが参照していた経済学のプリンシパル／エージェント理論については、本書1－3参照

[5] ガストンはスターとグリーズマーの境界物の概念を取り上げ、境界組織という専門の仲介組織が境界物の生産過程をルーチン化させ、境界物の働きを安定化できると主張している。境界物の安定化の問題については、本書2－2を参照。また、ガストンの研究は、境界同定作業と境界物の生産が一つの組織の中で同時に行われることができることを示した研究としても広い反響を呼んだ。

れ、一枚岩のような集団を成していない場合が多い[6]。それに加えて、研究者の活動様式を統一する制度や組織がどの程度整備されているかも分野によって異なる。上記の技術移転局は**米国国立衛生研究所**に所属する実験室と政策決定者の交渉を仲介しているが、研究者たちの活動は、国立衛生研究所という組織、保健医療制度、そして医学界の規範や慣習によって枠づけられている。他方、生物多様性や持続可能な開発といった分野は、比較的歴史が浅く、組織や制度に統一性がとぼしい[7]。さらに、政府と民間の間の技術移転とは違い、国際協力の必要性が高い問題となると、共通の社会文化的背景の欠如という問題すら起こりうる[8]。

　科学者の多様性が著しい気候変動のような分野では、科学者と政策決定者の双方を含む複数のクラスターが離合集散を繰り返している。しかし、その離合集散が活発な分野こそがＳＴＳの腕の見せ所でもある。特に重要なのは、近年の関心が科学者と政策決定者をまとめる体制の再編成へ移っているという点である。たとえば、離合集散するクラスター全体を満足させる単一の境界組織が存在せず、少数のクラスターのみを担当する境界組織が複数存在している場合、それらの連携はどういう形になるか[9]。逆に、複数の境界組織間の競争が激化し、お互いが科学者と政策決定者を味方に取り込もうとした場合、そういった（いわば境界組織間の）競争体制は、科学者と政策決定者の集まりをどう再編成するのか[10]といった問いである。ＳＴＳにおける境界組織の研究は、科学者集団の境界を新しい制度と組織形態が生まれる場として捉える方向へ

[6] 気候変動に関する政府間パネル（Intergovernmental Panel on Climate Change, IPCC）を境界組織の事例として分析する研究は、特にその数が多い。その研究動向の簡略な紹介は以下を参照。Gustafsson, K. & Lidskog, R. 2018 Boundary organization and environmental governance, *Climate Risk Management*, 19.

[7] 生物多様性の領域の境界組織として「生物多様性及び生態系サービスに関する政府間科学－政策プラットフォーム（Intergovernmental Science–Policy Platform on Biodiversity and Ecosystem Services, IPBES）」を取り上げ、それに関わる研究者の異質性を調べた研究は以下を参照。Morin, J. et al. 2017 Boundary organization in regime complexes, *Journals of International Relations and Development*, 20.

[8] 国際政治の観点からの境界組織の研究は以下でまとめられている。Orsini, A. et al. 2017 Boundary concepts for

と展開してきたのである。

## ■共生産

こうした研究の方向性をベースに、それをより一般化された形で定式化したのは、ジャサノフの**知識と社会の共生産**（co–production）という概念である。[11] ここでいう共生産の対象になる知識と社会とは、物事や行動に秩序を与える形式を前提とするもので、知識はそれを生み出す研究過程を正しく導くための形式（たとえば理論と方法論）を、社会は人びとの行動をお互いに予測できるものとする形式（たとえば制度と組織）を必要とする。知識の秩序と社会の秩序、または知識生産を組織する形式と社会的活動を組織する形式は、片方だけでは安定的に機能できないので、同時生産されなければならない、というわけで「共」生産とよばれるのである。言い換えれば、知識生産方式の変化は、知識生産にかかわる者たちの社会的編成も変化させるというわけである。[12] 科学者を「集団」としてまとめる制度や組織形態以外にも、政治システム、国家官僚制、法律、市場機構、マスメディア、そして価値体系などまでも含めて、社会的活動に秩序と形式を与えるものなら何でも共生産の対象になりうると、ジャサノフは主張する。

共生産の概念は、社会的秩序の現時点のあり方のみを前提とし、それを与えられた変数として用いる説明方式とは異なる。この点については、正しい知識を決める論争

boundary work between science and technology studies and international relations, *Review of Policy Research*, 34(6).

[9] Lemos, M. et al. 2014 Moving climate information off the shelf, *Weather, Climate, and Society*, 6(2).

[10] Holzscheiter, A. 2017 Coping with institutional fragmentations?, *Review of Policy Research*, 34(6).

[11] Jasanoff, S. 2004 The idiom of co–production, In Jasanoff, S. ed. *States of knowledge*, Routledge. / Jasanoff, S. 2004 Ordering knowledge, ordering society, In Jasanoff, S. ed. *States of knowledge*, Routledge.

[12] ガストンも共生産の概念を取り入れているが、共生産の概念に対してジャサノフとは異なる理解を示している。ガストンのいう境界組織における共生産とは、科学の側と社会の側の利害関係者を

の終結を社会階層または集合表象などの、いわば社会的要因をもって説明できると唱えたエジンバラ学派の**ストロングプログラム**を対象に、社会構築主義批判を主導してきたSTSの諸潮流の視座を、共生産の概念も共有している。[13] たとえば、共生産の概念を取り入れたストーリー（W. Storey）の研究は、西インド諸島の砂糖プランテーションを背景とする植民地生物学の体系化を、19世紀の植民地主義をもって説明することを批判する。植民地生物学の進展は、むしろ植民地運営に「発展」の概念が加わることによって、植民地の植物園を組織するシステムが変わる中で行われたとストーリーは主張する。[14] 同じく共生産の概念に基づき、**欧州環境機関**の統合データベースのための環境統計の標準化過程を分析したウォータートン（C. Waterton）とウィン（B. Wynne）も、欧州環境機関が政府および市民社会との三者関係を説明する既存のモデルを問い直し、各国政府を経由しない欧州単位のユーザー集団を作り出した過程に注目する必要があると主張した。[15]

非常に広い領域と対象に適用できる共生産の概念であるが、科学の境界をめぐるSTSの議論に関して特に興味を引く部分は、社会的要因としての**利害関心**の再検討である。集団間競争における科学者集団の利害関心を前提とするギエリンはもとより、スターとグリーズマーの研究も、博物館の設立にかかわっていたさまざまなアクターの利害関心を厚く記述したうえで、その複数の利害関心をできる限り同時に尊重する形での協業の可能性を探っている。ギエリンは集団を、そしてスターとグリーズ

同時に満足させることができる秩序の生産を意味し、社会の秩序や形式そのものが変容する動的過程は含めていない。

［13］ストロングプログラムとその批判については、本書1－2参照。STSにおける社会構築主義批判の潮流を代表するものとしては以下を参照。I・ハッキング 2006『何が社会的に構成されるのか』岩波書店／B・ラトゥール 2008『虚構の「近代」』新評社

［14］Storey, W. 2004 Plants, power and development, In Jasanoff, S. ed. *States of knowledge*, Routledge.

［15］Waterton, C. & Wynne, B. 2004 Knowledge and political order in the European Environment Agency, In Jasanoff, S. ed. *States of knowledge*, Routledge.

マーは社会的世界（social world）を、社会的秩序の基本単位でありながらさまざまな利害関心を同定する基本単位ともなるものとして捉えている。[16]しかし、社会的秩序の再編成が行われている共生産の場面では、利害関心の同一性にも変化が生じる。この点についてジャサノフは、社会階層に基づく利害関心を説明変数として用いるブルア（D. Bloor）の論争研究を批判し、[17]社会階級を利害集団としてまとめる制度や組織形態が知識と社会の共生産の過程で変わる可能性を強調している。[18]

この場合、科学の境界は利害関心によって引かれたり、調整されたりする対象ではなく、（新しい社会的秩序に応じて）新しい利害関係が生まれる空間となる。たとえば、共生産の概念を用いてアフリカゾウの国際的分類体系の変化を分析したトムソン（C. Thompson）は、歴史的に対立していた西アフリカと南アフリカを包括する汎アフリカのアイデンティティが分類体系の改定過程で生まれ、アフリカ全体と欧米の間に新しい利害関心の対立をもたらしたと主張する。[19]このように知識と社会の共生産という概念は、科学の境界に関するSTSの議論の焦点を、境界を作る者から、境界の中で新しく作られるものへと移す。新しい制度や組織形態、新しい利害関心、そして最終的には新しい社会秩序が生まれる空間としての境界は、境界を作る側が意図または予期していない結果までを観察できる機会を研究者に与えているのである。

〔ソン・ジュンウ〕

[16] 社会的秩序の基本単位を利害関心の同一性の基準として見なすアプローチは、社会科学においては古典的なものともいえる。生産関係の上の位置で決まる階級を基準に利害関心を同定したマルクスのイデオロギー論は、その代表例である。そのような古典的アプローチが（主にストロングプログラムを通じて）STSに導入され、利害関心という概念を用いる説明方式が広まる過程の検討については以下を参照すること。Barnes, B. 1977 *Interests and the growth of knowledge*, Routledge.

[17] D・ブルア 1985『数学の社会学』培風館

[18] Jasanoff, S. 1996 Beyond epistemology, *Social Studies of Science*, 26(2).

[19] Thompson, C. 2004 Co-producing CITES and the African elephant, In Jasanoff, S. ed. *States of knowledge*, Routledge.

## コラム2　リンリ・りんりというけれど

福島真人

海外でも本邦でも、科学者や技術者に社会性を自覚させ、その倫理的基準を再考するという議論は盛んではあるが、何かニュアンスの違いも感じる。一つの規範的評価目標として倫理を設定し、それをいかに研究者に守らせるかといった議論には、規範とその現実の働きについて社会科学的な知見も必要なはずである。

ミクロ社会学等の広範な研究に言及するまでもなく、ローカルな規範はその状況ごとの複雑な微調整によって成立する。たとえば筆者が調べた医療現場（たとえば救命救急センター）でもさまざまなマニュアルが存在するが、その機能は実は多様である。比較的稀にしか起こらない事例のマニュアル（たとえは犯罪性がありうる案件）では、マニュアルは認知的なサポートとして働き、とっさの時の手続きの確認の記録となる。他方常に行っている安全確認等の手続きはそれを行うことが合法性を保つという色彩も強くなってくるので、形骸化するリスクも高まる。

大抵はそれでも問題はないが、救急の現場等で、手続きを守っていると患者を守れない状況が発生する可能性もある。米国での報告で、救急救命士が自分の法的権限を超えた範囲で瀕死の患者を救おうとすれば、法律違反になるといった場合である（そこまでできないが、患者を放置もできない）。さらに技術革新が急速で、現存する規定が技術の現状に合わないような場合、手続きをバイパスしないと物事がうまく回らないケースもありうる。こうした多彩な状況に即応して、人びとは現場で多様な行動をとる。

実際、よりマクロの観点からみても、規制と経済、防災と経済といった矛盾するベクトルは、その間に複数の解が存在しうるため、長期的にみれば大きく振動する傾向がある。災害の直後は防災についてうるさく語られ、規制が強化されるが、時間がたつと段々と緩和され、また経済等の必要性が強調されるといった具合である。現場は常にこうしたマクロの動向に影響を受ける。倫理的判断とはそうした常に変転するマクロ動向との兼ね合いで決定されるもので、しばしばその間の矛盾が細部に表れるものなのである。だとすれば、そうした全体のメカニズムを等閑視して、倫理を語ってもあまり実効性はない。もし現場で不正が横行するようなら、そもそもそれがなぜそうなのか、その全体的な構造を探ってみるのがＳＴＳの本来のあり方のはずである。Ethics in action とでもよぼうか。

# 第3章 過程

科学は常に革新を必要とする組織的営為であり、その知識探求の基礎は新しさにある。それゆえ科学的な行為は常に過程としての色彩をもつ。STSも常にこの側面を強調し、旧来の社会科学に対して新たな枠組みの必要を主張してきた。またその研究は現在、イノベーション研究といった分野に拡大しつつある。本章はそうした過程としての科学という側面を取り上げる。

## 3-1 研究過程

科学は常に新しさを追求する絶え間ない過程である。科学的探求の成果は何よりもその新しさによって評価されるから、特定のデータや考察がすでにあるものと同じであれば全く評価されない。こうした絶えざる革新の過程は、一見他の領域でも同じような現象がみられるという印象があるが、実は基本的な原則がかなり異なっている。市場経済においても、近年では**イノベーション**が強調され、常に新たな製品やサービスの提供が求められている。[1] しかし経済における革新は、基本的に消費者やユーザー次第であり、彼らが特定の商品を支持してくれる限り、同じ商品が長期間にわたって販売されていても問題はない。頑固に守ってきた老舗の味のようなものがその例である。あるいは、西洋美術史をみれば、そこでの理想が新しさではなく、古代の美であるという時期も長い。近代と訳される modern という言葉は、もともとはラテン語で「新しい」という意味でもあるように、本来なら「新代」とでも訳されるべき言葉なのである。[2]

[1] 本書3－3、3－4参照

[2] Fukushima, M. 2019 Regimes on newness, *Interface Critique*, 2.

## ■新しさのレジーム

興味深いことに、これら諸領域[3]（私はそれを**レジーム**とよぶが）における新しさの探求は相互に異なるが、歴史的に交錯もしている。たとえば経済における近年のイノベーションの強調は、富の産出が技術の革新と密接にかかわるようになったことを示し、またアートにおける革新は、前衛といった理念が業界を支配するようになり、絶えざる新しさがよいものとして捉えられるようになったという点とも関係している。

新しさの探求において、このアートと科学の複雑な関係については、美術史家グロイス（B. Groys）の興味深い論考がある。彼は、アートにおける新しさの探求の裏には、コレクションの原理とでもよぶべきものがあると主張している。アートの世界において、コレクターや美術館（博物館）の役割は大きいが、彼らにとって収集される作品は、従来のストックに対してある種の新奇性がないと、そもそも収集する価値がない。これが新しさの探求の基礎だというのである。[4] 実は科学の歴史を繙けば、そこにも同じようなコレクションの原理が見出される。15世紀のイタリアから始まり、18世紀以降衰退したいわゆる「驚異の部屋」[5]（Wunderkammer）がその一つで、後にこうした雑多な物品は分類、系統化され、近代的な科学の礎となっていく。[6]

## ■問題化と論争

このように、科学的探求における継続的革新性は、ＳＴＳの理論的視座にも強い影

[3] 上記論文以外では、福島真人 2017「知識インフラと価値振動」『真理の工場』（東京大学出版会）でもこの概念を中心に論じている。レジーム概念の別の使い方（オランダ系技術論）については本書３－３参照

[4] Groys, B. 2014 *On the new.* Verso. ／本書コラム10「科学とアート？」参照

[5] 王侯貴族から文化人まで巻き込んだ、世界中の珍奇な物品を収集した一大コレクションルームである。本書４－１参照

[6] ラトゥールはこうした世界規模の収集作業を科学的活動の雛型の一つとして、論争等と並び強調している。B・ラトゥール 1993『科学が作られているとき』産業図書／本書４－２も参照

響を与えてきた。それを大きく分ければ、①すべてが変化する**過程**としてみなされる、②その過程にはいわば「濃淡」がある、この二つである。①はSTS全体の理論的関心にみられる傾向であり、②はより特定の問題に関して、STSで示される枠組みである。

②を先に説明しよう。ここでいう濃淡というのはさらに二つの意味がある。一つは、科学的探求は確かに常に新奇性を要求するが、すべての事物が科学的探求の組織的対象になるわけではない、という点。もう一つは、そうした探求の過程にはその集中度によって時間的な変化が生じるという点でもある。前者を**問題化**、後者を**論争**（とその終結）という形で記述してみよう。

アクターネットワーク理論のような理論構成において、モノや人がすべてネットワーク的な関係性をもつといった退屈な解説がときどき見受けられるが、それは誰でも知っていることである。しかしこの理論の創成期を見ると、創設者の一人であるカロンは、それを問題化（problematization）のネットワークであると、より厳密に定義している。ここでいう問題化とは、特定の対象が議論の俎上に載せられ、討議、検討の対象となるという意味である。[7] カロンが着目したのは、すべての可能な関係性ではなく、討議の対象として議論の俎上に載っているような事物の関係性である。それゆえ問題が解決すれば、それは記述されるネットワークの背後に退くことになる。[8]

この問題化という事態を科学的実践の文脈でみると、一つは特定の対象を研究対象

[7] Callon, M. 1980 Struggles and negotiations to define what is problematic and what is not, In Knorr, K. ed. *The social process of scientific investigation*, Reidel Publishing.
後にネットワークの不安定／安定という用語が多用されることになるが、言っていることはおなじである。たとえばフーコーもこの語を用いる（問題構成と訳されている）が、それは特定の時代において、ある主題は多く論じられ、また他の主題は全く論じられないといった、時代による制約を示している。M.フーコー 1986『知への意志』新潮社

[8] より一般的に、これはゲシュタルト心理学でいう地（背景）と図（前面）の対比と同型であり、問題化されたテーマは前面に出てくるが他の問題は背後に退くことになる。

として選ぶ過程とみなしうる。現実の研究現場では、特定のテーマの周辺にはほとんど手のつけられていないテーマがごろごろしている。**バンドワゴン**（bandwagon）という概念を主張したフジムラ（J. Fujimura）は、初期の遺伝子研究が急速に研究者人口を増やした理由として、そのテーマおよび研究方法の標準化によって、特定の時間内にある程度の成果を期待できる、つまり**「やれる」**（doable）プログラムだったから、という分析をしている。[9]

それに加え、もう一つ重要な時間的過程として、論争がある。科学界でのホットなテーマが何であるかを知るのに論争の観察は適している。と同時に、その論点が科学界内部で未だ合意が得られていないという意味で、科学的知識の動的な性格を理解するのにふさわしい。[10] STSにおける論争研究をみると、論争は単に科学分野にとどまらず、多くのステークホルダーを巻き込んで展開したり、あるいは途中から論点がずれて、最後には自然消滅したりするケースも少なくないのがわかる。またギルバート（N. Gilbert）らの研究は、実際の論争過程で、最終的に特定学説の批判者がどういう形で撤退していくかを細かく分析している。[11] さらにラトゥールは、科学の生成プロセスを強調した本で、この論争過程そのものをある種の軍事的メタファーを応用して、食うか食われるかの過程として描いている。[12]

興味深いのは、こうした論争は終結するものもあれば、長期間持続するものもあるという点である。他方多くの場合、論争はいずれ終結し、研究者集団の間で、合意が

[9] Fujimura, J. 1996 *Crafting science*. Harvard University Press. なお筆者の調査した天然物化学では、その逆に成果が予測しにくく（undoable）、卒論のテーマには向いていないという興味深い指摘もされていた。福島 2017 前掲［3］4章参照

[10] Nelkin, D. ed. 1979 *Controversy*, Sage Publications. / Kleinman, D. et al eds. 2005 *Controversies in science and technology*, University of Wisconsin Press. ／本書4－2も参照

[11] N・ギルバート、M・マルケイ 1990『科学理論の現象学』紀伊國屋書店

[12] ラトゥール 1993 前掲［6］／本書1－2参照

得られる場合も多い。STS研究者が着目してきたのは、この論争中／論争後、という対比である。STSでは、論争中の問題化と、論争後の安定、そして過去の経由の忘却という側面が重視される。すでに論争が決着した以上、その論争で負けた側の学説はいわば間違った説として、忘却の彼方に消えていくのである[13]。

この図式はテクノロジー発展を理解する図式としても応用されてきた。たとえば**技術の社会的構築論**（social construction of technology）というアプローチは、この論争中／論争後、という対比を、テクノロジー開発の初期に応用して理論化を試みたものである[14]。開発初期の自転車のように、さまざまな形態や、その乗り方を模索していた時期から、現在みられるような標準的な形に落ち着き、**ロックイン**状態になって長期安定する過程を、論争中／論争後という対比とのアナロジーで分析するのである。この図式の限界を補正しようとして出てきた研究の一つとしてインフラ研究があるが[15]、これはまさに論争後（ロックイン後）のテクノロジーの状態についても研究すべきだ、という視点から提案されたものである。

だが、この論争中（不安定）／論争後（安定）というのは、やや両極端であり、記号論的な二項対立に近い面もある。この連続性を強調したのが①の立場、たとえば科学全体の常に変化する性質を強調したラインバーガー（H-J. Rheinberger）の一連の議論である。彼は戦前の生化学実験室の研究過程を詳細に再現しながら、当時まだよく分からなかった遺伝物質に関係するさまざまな仮説が浮かんでは消えを繰り返

[13] だがもちろん、一時的に衰退した学説が流行の変動によって、長期的には復活することもありうる。

[14] Bijker, W. et al. eds. 1987 *The Social construction of technological systems*, MIT Press.

[15] 本書5－1参照

し、最終的にわれわれが現在知る分子生物学的な知見に置き換えられていく過程を、デリダ（J. Derrida）の「**痕跡**」（trace）という概念を使って分析している。こうした研究対象は常にその内実を変化させていくが、それが彼のいう**認識的モノ**（epistemic thing）である。[16] これはモノなのか、概念なのかよくわからない、まるで幽霊のようだというので、亡霊的存在だという人もいる。[17] ここでは論争中／論争後という対比よりも、むしろ科学的実践の対象そのものが常に変化していくという点が強調されている。だがもちろん、そのためにはその対象に対して研究が持続されている必要がある。より大きな研究範囲をみれば、ある分野は研究が停滞し、そこで革新がストップし、また他の分野では研究が集中するため劇的に変化するといった研究分野の広域の分布問題等も考える必要があるのである。[18]

〔福島真人〕

［16］Rheinberger, H. -J. 1997 *Toward a history of epistemic things,* Stanford University Press.

［17］Schrader, A. 2010 Responding to *Pfiesteria piscicida* (the Fish Killer), *Social Studies of Science,* 40(2). なおこうした亡霊論を市場、政治、アートといったさまざまな分野で比較検討した論考としては以下を参照。福島真人 2020「亡霊の実験室」『アピチャッポン ウィーラセタクン＋久門剛史』MAM 025 Project 森美術館

［18］福島 2017 前掲［3］4章

3-2

# 過程としての存在

科学が恒常的な新しさの追求であるとすると、素粒子などのこれまでなかった新たな対象が生まれてくるという側面が、そのプロセスの中で生じる。これを従来の認識論的に、われわれの知識の拡大とよばずに、その対象物そのもののあり方という形で表現しようとする流派がある。こうした立場は、STSの研究対象が人間の認識であることを前提とするような「**表象**」「**言説**」といった概念を用いずに、さまざまな新しい概念を提唱してきた。これらの概念は、主体（人間）と客体（自然）が存在するという二元論ではなく、科学技術において実際に起きる過程を存在の基盤においた一元論的な説明を目指してきた。

## ■身体のメタファー

個々の事例の過程に基づいて説明をするために、こうした流派は**存在論**[1]（ontology）という言い方をするが、この立場の研究者は人間の行為を表す語彙を人間以外に拡張するという傾向が見受けられる。たとえば身体の動きをメタファーにし

［1］本書1-1、1-2参照。存在論といえばハイデガーの存在論がまず想起されるかもしれないが、STSではむしろ、直接的にはセールなどのフランス哲学の影響、さらには後に述べるホワイトヘッド哲学に理論的根拠を求める傾向がある。

たものが挙げられ、代表的なものにピカリング（A. Pickering）の**エージェンシーのダンス**がある。物理学や数学における科学的知識の生成を事例に、科学者という人間と観測機器などの**モノ**（nonhuman）が**エージェンシー**[2]を交代させながら実践が連鎖していく様子を彼はこうよんだ。[3] 素粒子物理学における泡箱[4]を具体例として、研究者がエージェンシーを発揮させて観測機器を作製し、機器が組み上げられ研究者が一歩退くと機器のエージェンシーが発揮され、観測結果を受けて再び研究者が機器の改良を行うといったように、人間と装置が行ったり来たりする様子がそこではイメージされている。[5]

また、ダンスの振り付けを意味する**コレオグラフィー**（choreography）という概念も生殖医療の研究を中心に用いられている。トンプソン（C. Thompson）は不妊治療の実践を「存在論的コレオグラフィー」とよび、これまでの親子の枠組みを超えてしまう不妊治療において、卵子提供や代理出産といった生物学的側面から訴訟の判例や費用の支払いといった法的・経済的側面まで多くの要素が交じり合って「母親」「父親」が構築されていく過程を論じている。[6] 両者の違いとして、「ダンス」が研究実践における予測不可能な偶然性を重視しているのに対し、「コレオグラフィー」は親という特定のエージェンシーが再生産される安定的な側面に目を向けているといえる。[7]

［2］本書1－3参照

［3］Pickering, A. 1995 *The mangle of practice*, The University of Chicago Press.

［4］泡箱《あわばこ》とは1952年に開発された、荷電粒子を観測するための装置である。粒子の通過した痕跡が泡として現れるため、この名がつけられている。

［5］Pickering, A. 2010 Material culture and the dance of agency, In Hicks, D. & Beaudry, M. eds. *The Oxford handbook of material culture studies*, Oxford University Press.

［6］Thompson C. 2005 *Making parents*, MIT Press.

［7］行為遂行性（performativity）という概念もまたこうした身体的メタファーの系列に位置づけることができるだろう。本書6－1参照

## ■アクト(act)概念の別の意味

存在論的な語彙の中で多用されているのは、まさに行為そのものを意味する「アクト」から派生した言葉だろう。たとえば**アクターネットワーク理論**の「アクター」はもともと記号論の**行為項**の意味ではあるが、現在ではネットワークが構築される過程の中で実在性を獲得していく行為者として存在論的に読まれることが多い。[8]

また、「アクト」に「〜にする」という接頭辞enをつけた「**イナクト**(enact)」という言葉もしばしば用いられている。オランダの医療現場における動脈硬化についての研究でこの概念を提唱したモル(A. Mol)は、動脈硬化という単一の実体が存在するのではなく、病理学や臨床などの個別の実践において動脈硬化が「イナクト(実行)」されているのだと論じている。顕微鏡や触診など異なるアクターを通して実行される動脈硬化はそれぞれ別の存在として複数性をもち、その複数性が一つの「動脈硬化」としていかに調整されるのかを彼女は詳細に分析している。[9]

## ■ホワイトヘッド哲学

人間の行為の語彙を拡張させるこうした傾向を極限まで推し進めたものとして、20世紀前半の英国の哲学者で独特の壮大な哲学的体系を築いたホワイトヘッド(A. Whitehead)がSTSの一部で関心をよんでいる。英語圏のSTSでは従来は形而上学的な議論はあまり盛んではなかったが、フランスではラトゥールなどがホワイト

[8] 本書1-3参照。アクターはそれゆえ「行為者」ではない。また英語ではactantとより明確に記号論的に呼ぶべきだという主張もある。

[9] A・モル 2016『多としての身体』水声社。STS以外にも、認知科学では認知主体の行為を通じて知覚と環境世界が共にイナクトされていくと考えるイナクティビズム(enactivism)という理論があるが、力点が異なっている。F・ヴァレラ他 2001『身体化された心』工作舎

ヘッドに以前から言及しており、その議論が輸入される形で英国の一部研究者の間で参照されるようになってきている。**プロセス哲学**とよばれる、生成過程を存在の基底に据えたホワイトヘッド哲学が現在のＳＴＳにおける存在論の立場と一致するものとしていわば「再発見」されたのである。

難解な彼の議論を簡潔にまとめることは難しいが、プロセス哲学という標語自体、彼自体が科学の過程的性格を自身の哲学的基礎においていることを示している。数学者・論理学者であると同時に、ワーズワース（W. Wordsworth）といった英国ロマン派の詩を愛好し、歴史的事象にも関心が深いという本人の経歴が、その哲学的目標によく現れている。主著『過程と実在』で論じられているのは、主体と客体の二元論による哲学を乗り越えると同時に、当時最先端の理論であったアインシュタインの相対性理論に代表される近代科学も包括できるような統一的な形而上学の提示であり、彼はそれを「有機体の哲学」と名づけている。[10] 彼の議論の特徴の一つは、心理的な主観世界と、物理的な客観世界を異なる世界とせず、同じ自然の一部と考えるという点である。そこで彼は心理的な表現、たとえば気遣いや不安を意味する apprehension という語を **prehension** と変形し（抱握と訳されている）諸存在の関係性を示す用語として提案する。主観、客観に**分離**（bifurcate）した二つの自然を、用語のレベルで統一しようというのである。[11]

このような独特なホワイトヘッド哲学を精力的に紹介しているヘイルウッド（M.

[10] A・ホワイトヘッド 1984–1985『過程と実在（上・下）』松籟社

[11] そのほかにも抱握のうち肯定的な関係を感受（feeling）と呼び、また抱握が意味づけのプロセスでもあることを示すためにこれを経験（experience）と言い換えるなど随所に独特の用法が見られる。

Halewood）とマイケル（M. Michael）は、STSの知見を科学技術の問題以外にも広げるための理論的基礎としてホワイトヘッド哲学を援用している。ホワイトヘッド哲学の概念を用いることでこれまでなされてきたSTSの研究がうまく捉えられると彼らは主張しており、また、さまざまな実体が絡み合いながら新たな存在としての事実ができていくという考え方を日常的に当たり前の存在や社会科学の研究自体にまで適用しようというホワイトヘッド的社会学を提唱している。[12]

## ■「存在論」への批判

これまで紹介してきたように複数の独特の言葉がこれまでSTSの一部から提案されてきたが、STS研究者のすべてがこうした概念に賛成しているわけではなく、その意義に懐疑的な意見も多い。**エジンバラ学派**がアクターネットワーク理論に対して強い批判を加えたことはよく知られている。コリンズ（H. Collins）とイアリー（S. Yearley）は、ラトゥールらの議論は哲学的にラディカルであることを目指しているだけに過ぎず、なぜその知識が受け入れられたのかというような説明をしない単なる記述に留まっており、無意味な「認識論的チキンレース」だと攻撃している。[13]

STSの国際的主要誌の一つである*Social Studies of Science*では2013年と2015年に「**存在論的転回**」についての特集が組まれている。[14] 二つの特集で問題となっているのは、「存在論」への「転回」を提唱する議論がそれ以前のSTSと果た

[12] Halewood, M. & Michael, M. 2008 Being a sociologist and becoming a Whiteheadian, *Theory, Culture & Society*, 25(4). / Halewood, M. 2011 *A. N. Whitehead and social theory*, Anthem Press.

[13] Collins, H. & Yearley, S. 1992 Epistemological chicken, In Pickering A. ed. *Science as practice and culture*, The University of Chicago Press. ／ほかに代表的な批判としては以下。Bloor, D. 1999 Anti-Latour, *Studies in History and Philosophy of Science*, 30(1).

[14] *Social Studies of Science*, 43(3) / 45(5).

して根本的に異なるのかという問いである。特集のどの論文にも共通しているのは、「存在論」という立場は科学が普遍的な真理を発見する営みだと考えることを批判するこれまでのSTSを継承しており、少なくとも「転回」は起きていないという認識である。そのうえで論者によって、「存在論」というスローガンをこれまでの方向性をより推進するものであると肯定的に捉える立場[15]や、「存在論的転回」をめぐる議論は無駄な議論もどきであり、メタファーに振り回されないように警告する立場[16]に分かれている。

STSで生み出されてきた新奇な概念やそうした概念について議論することに対して、STSの内部でさえ意見が割れているのが現状である。ここにSTSという研究分野の意義についての意見の違いが表れていると考えることができるかもしれない。一方にはSTSとは経験的研究に依拠したうえで科学技術に対する既存の考えを修正するものであり、哲学的な議論をすることではないとする立場があり、また一方で「存在論」を掲げる研究者はSTSを通じて主客の区別など既存の西洋思想をラディカルに覆そうとすることを目的にしているという違いがある。抽象的な議論に対する疑念は常についてまわっているが、こうした疑念や批判に対する論争を通じて、STSが狭い研究サークルの枠を超えて耳目を集めてきたことも否定できない。その意味でSTSの発展とこれらの不思議な言葉たちは不可分のものなのである[17]。

〔吉田航太〕

[15] Woolgar, S. & Leazaun, J. 2013 The wrong bin bag, *Social Studies of Science*, 43(3).

[16] Aspers P. 2015 Performing ontology, *Social Studies of Science* 45(3). / Vasileva B. 2015 Stuck with/in a 'turn,' *Social Studies of Science*, 45(3). ／福島真人 2020「言葉とモノ」藤垣裕子他（編）『科学技術社会論の挑戦3』東京大学出版会

[17] 本書1－4参照

## 3-3 イノベーション

新しさを探求する絶え間ない過程として科学や技術を理解するＳＴＳは、前節のような非常に哲学的な意味での過程的性格を探求する研究の一方で、具体的な社会的側面でのその現れ、たとえば**イノベーション**研究にも多くの関心を注いできた[1]。そこでは政策への含意・示唆を導き出す実践的な研究が重視されてきた[2]。過程への理論的視座は大きく**問題化**と**論争**の二つに整理でき、イノベーション研究にも両者の影響がある[3]。具体的には、問題化から派生した研究群と、論争中／論争後という対比を応用した技術の社会的構築論から派生した研究群である。本節では、後者の、技術の社会的構築論から派生したイノベーション研究を中心に述べていきたい。ＳＴＳにおけるイノベーションとは、社会と技術のシステムが変革していく過程であり、かつ、それは既存の秩序との関係性や、その後の秩序化の中で理解されるものである。

[1] たとえばアクターネットワーク理論の中心であるパリの研究室は、イノベーション社会学センターと呼ばれている。

[2] 本書2章参照

[3] 本書3－1参照

### ■ＳＴＳのイノベーション研究

技術の社会的構築論は、ＳＴＳ、技術史等の欧米の著名な研究者が中心になって推進してきたが、特にオランダの諸大学がその研究センターとなっている。欧米では科学と政治経済の境界を問い直す社会的動きが１９７０年代から広まり始め、その境界領域においてＳＴＳの研究は刺激を受けてきた。そして、基礎科学への政府の投資が産業発展とイノベーションに自動的につながるという**線形モデル**への疑問が１９７０年代の経済危機と相まって広まった。代わりに広い支持を得た政策モデルは、科学技術の産業化の促進にかかわる政府の役割と、科学技術の生産性増加に取り組む科学者の役割を強調する。**技術の社会的構築論**を提唱した研究者の一人であるバイカー（W. Bijker）は、オランダにおいてＳＴＳは、学術的研究というより政治的に動機づけられた動きとして始まったと述べている。[4]

### ■社会技術的遷移論

フランスのカロンらと同世代の研究者であるリップ（A. Rip）らを中心にイノベーションの理論として構築されたのが**社会技術的遷移**（sociotechnical transition）の理論である。[5] この理論は、技術の変化を扱う際に最も頻繁に言及される理論といわれる。前述の技術の社会的構築論は、自転車が現在のパターンに安定するまでの経緯を扱ったように、技術の初期段階にその関心を集中させてきた。他方、技術を工学的な領域以外も含めて捉える立場を共有しながらも、小さく単純な技術ではなくより大規模な技術システムの発展プロセスを捉えようとする、**大規模技術システム論**を米国の

[4] Vermeulen, N. & Bijker, W. 2018 Ways of knowing and doing STS, *Engaging Science, Technology, and Society*, 4.

[5] Rip, A. & Kemp, R. 1998 Technological change, In Rayner, S. & Malone, E. eds. *Human choice and climate change. Vol. II, Resources and technology*, Battelle Press.

技術史家ヒューズ[6]（T. Hughes）が提唱した。ヒューズの影響を受けながら、技術の社会的構築論から拡張されてきた理論が社会技術的遷移である。

　社会技術的遷移は、**進化経済学**とＳＴＳの交差点で生まれ、両者の懸け橋となってきた[7]。経済学者シュンペーター（J. Schumpeter）は、経済的な活動を進化的なアプローチから解釈した、進化経済学の先駆的な研究者であるとされる[8]。社会技術的遷移と進化経済学に共通する視点は、社会を動的なものとして捉えること、動的なシステムは静的なシステムの連続では近似できないということ、そして単に表面的な変化だけではなく、変化するものの中で受け継がれていく情報に着目することである。ＳＴＳのアクターネットワーク理論は、研究開発の短期的な（秩序化以前の）活動を扱うことに長けているが、その後の長期的な制度化についてはまた別の理論的枠組みが必要であった[9]。進化経済学は、ルール形成や、ルーティン化、新種技術の発生など、長期の秩序形成を論じるため、アクターネットワーク理論と相補的な関係性を結ぶと考えられる。最近ではイノベーション研究でも、新奇なものの生成よりも、持続可能な社会に向け、いかに既存の体制からのスムーズな転換を図るかについての関心が強い。社会技術的遷移の議論は、そうした**持続可能な遷移**（sustainability transition）研究の土台にもなっている[10]。

　社会技術的遷移論によると、技術は社会の中での位置づけを変えながら三段階で遷移すると考えられている。第一段階として、萌芽段階の新しい技術は、**ニッチ**とよば

[6] T・ヒューズ 1996『電力の歴史』平凡社

[7] Geels, F. 2007 Transformations of large technical systems, *Science, Technology, & Human Values*, 32(2).

[8] Andersen, E. 2012 Schumpeter's core works revisited, *Journal of Evolutionary Economics*, 22.

[9] 本書3－1、5－1参照

[10] Grin, J. et al. 2010 *Transition to sustainable developmen,* Routledge.

れる初期環境で形成される。これは保護領域とでもよぶべき環境で、萌芽的な技術が他の技術との競争にさらされず、当分の間生き残ることができる場所である。第二段階として、技術は、すでに存在している技術の体系との相互作用を通じて、既存の技術レジームに受け入れられたり、新しい技術レジームを構成したりする。このレベルは、**社会技術的レジーム**とよばれ、技術的な人工物とアクターを結びつける制度構造によって形成される。国の機関、産業界、大学等も含めることができる、社会的な体制である。そして第三段階の技術は、**社会技術的ランドスケープ**、つまり広範囲に共有される技術体系の一部として社会に普及していくものである。

技術の普及とは、社会技術のシステムが変革される過程であり、その過程では新しい技術レジームが古い技術レジームの解体と再構築・調整を通じて支配的になっていく。イノベーションは、この三層からなる複雑な過程であるが、とりわけレジームのレベルに変容の様相が現れやすい。社会技術的ランドスケープの変化は、レジームに圧力をかける一方、新しい個別技術の要素は徐々に他の要素とリンクをしながら安定化していき、レジームの土台となる。

この社会技術的遷移の議論を、有名な米国の経営学者クリステンセン[11]（C. Christensen）の議論と比較することで、ＳＴＳと経営学のイノベーション研究の差異を理解する助けとなる。クリステンセンが提唱した**破壊的技術**というのは、性能自体は、既存製品を大きく下回るのだが、全く新しい顧客・市場を形成することで競

[11] C・クリステンセン 2001『イノベーションのジレンマ増補改訂版』翔泳社

争力が一気に高まるものである。たとえば、ホンダが北米で発売した小型オフロードバイクは、それまでの強力な長距離用バイクに対する破壊的技術であった。ここで強調されているのは、特定技術のパフォーマンスとそれが組織戦略に与える影響である。他方社会技術的遷移論では、技術をめぐる物資的な制約、それを取り巻く社会技術的諸制度の影響、さらに諸変化のタイムスケールの多層性などがより立体的に観察されるのである。

## ■イノベーションを管理する？

社会技術的遷移論では、新しい技術は常に既存の社会技術的レジームの文脈の中におかれ、その新しい可能性は曖昧なまま世に出ていくため、そこでは消滅のリスクも想定される。この初期の技術の曖昧さに注目し、ニッチもしくは保護領域の育成を「戦略的」に行っていこうとする近年の議論が、**戦略的ニッチ管理**である。[12] 戦略的ニッチ管理は、ニッチで初期の技術が育成される際には、安定した**期待**[13]と、豊富な人的ネットワーク、多面的な学習プロセスが重要と説明する。ただし、こうした議論は、戦略的ニッチ管理によらずとも得られる一般的な知見とも言える。戦略的ニッチ管理は、イノベーションの成功法則を見出したというよりも、欧州の**責任ある研究とイノベーション**[14]（Responsible Research and Innovation）プログラム確立に貢献したことが、むしろその大きな成果である。

[12] Schot, J. 1992 Constructive technology assessment and technology dynamics, *Science, Technology, & Human Values*, 17(1).

[13] 期待の社会学でいう期待である。本書6－1参照

[14] 責任ある研究とイノベーションとは、研究やイノベーションについて、社会的な価値、持続可能性などの面で好ましい結果が得られるように、研究者だけでなくステークホルダー（利害関係者）がその全プロセスで相互に協働することを示した概念である。EU

補足すれば、イノベーションの過程といっても、個別のモノや人、組織のつながり方が生成・変容していくミクロな過程は、組織体が学習していく過程でもある。こうした組織学習としてのミクロな過程の研究は、**活動理論**[15]とアクターネットワーク理論の双方を踏まえ教育学、経営学で大きく広がっている。[16]

これまで国内でのイノベーションの現場では、事業戦略の立案、実行や、組織の運営において経営学の理論が用いられることが多かった。[17] 一方、STSのイノベーション研究が参照されることはあまりないのが現状である。しかし、特にイノベーションの当事者となる人びとには、STSのイノベーション研究について知ることは非常に有用な面もある。STSのイノベーション研究を通じて、イノベーションをいかに成功させるかという視点とは別に、（これから起こる／起こす）イノベーションが社会とどのようにかかわるのかという視点を養うことができるためである。

〔吉田憲司＋日比野愛子〕

では科学政策の課題として重視されている。

[15] 活動理論とは、活動（外部世界に対する人間の能動性）を中核概念に据えた心理学理論の一つである。A・レオンチェフ 1980『活動と意識と人格』明治図書／Y・エンゲストローム 1999『拡張による学習』新曜社

[16] 活動理論は、道具中心だがあくまで人間主体がその中心に残るという点でマルクス主義的でもある。

[17] イノベーションの普及理論、ブルー・オーシャン戦略の理論、リーンスタートアップの理論など。

# 3-4 経済と市場

技術の形成やイノベーションの過程を理解しようとするかなり限定された取り組みとは別に、**市場**そのものの働きを再検討しようという試みがSTS研究者の一部によって精力的に行われている。STSの過程の探求において、**モノのエージェンシー**は、重要な観点であり、STSの市場論もこの議論の延長上にある。[1] STSの市場論は、「経済」と「経済学」の関係性について興味深い考察を展開してきた。すなわち、経済の機能を観察・分析する経済学という常識的な見方を逆転させ、経済学が、経済を遂行する役割の一部を担うという立場をとるのである。経済学の想定するような経済合理性を発揮する主体は、経済学を含むさまざまな装置の中に存在するという視座は革新的であり、いくつかの重要な研究を生み出している。

## ■市場の理論

カロンによると、市場は、第一に、**計算的エージェンシー**（calculative agency）を前提とする。[2] 第二に、市場は人、モノに分散して存在する多様な計算的エージェン

[1] 本書3－2参照。また、この議論はラボにおける装置の役割についての議論の応用編でもある。本書4－2参照

[2] Callon, M. 1998 Introduction, In Callon, M. ed. *The laws of the markets*, Blackwell.

シーとその多様な分布の形態によって構成／組織化される。第三に、市場は、計算的エージェンシーが互いに物理的な暴力を行使することなく競争する過程である。カロンはこの競争過程を、コンピューター（ディープ・ブルー）が現役のチェス世界チャンピオンに勝利したゲームを例に説明している。チャンピオンは、ゲーム開始時点では独立したエージェンシーを発揮していた。しかし、ゲーム途中で彼がコンピューターのアルゴリズムと計算ルールを想像しそれらを前提として戦うようになった段階があり、以降チャンピオンがコンピューターに依存する位置づけとなってゲームが進行したという。こうした過程は市場でよくみられるとカロンは述べた。

ここで、計算（calculation）ではなく、計算的（calculative）エージェントとしているのは、その意図するものが単純な計算だけではなく、経済的な計算を通じた最適化、最大化、意思決定などを含むからである。カロンはこういった考察を通じて、いわゆる経済合理性を発揮する**経済人**（homo economicus）は、人間の本性として存在するものではなく、市場の過程の結果現れるものであると述べた。そして、市場における計算的エージェンシーは、会計ツールやマーケティングツールなどの経済学の成果によって**イナクト**[3]されていると考えた。

カロンの議論は、最適化の計算等を行うとされる経済的合理人が現実には達成不可能だと考えることから出発する。最適化の計算のためには、世界がとりうる可能性すべての情報が必要だが、そうしたものは得られない。しかし、計算という考え方はリ

[3] 本書3－2参照

ストや測定法など計算可能性を担保するさまざまなツールを生み出していくと考える。その事例の一つが、フランスのソローヌ地方で生じたイチゴの市場の登場の例である。[4] まずここで起きたのは、イチゴのカタログ化（情報のリスト化）であり、イチゴの質・量の正確な情報を得られることになった。これが以前の人格依存的な取り引き（親戚関係等身近な人間関係に依存する取り引き）からの脱却につながったが、このイチゴ市場は、若い行政参事官が大学で受けた経済学の教育をもとして設計したものであった。

[4] イチゴ市場の分析についてカロンは下記を参照している。Garcia, M. 1986 La construction sociale d'un marche parfait, *Actes de la Recherche en Science Sociales*.

## ■市場装置

この立場から、市場を構成するモノとして**市場装置**[5]（market device）という概念が使われる。市場装置とは、市場に存在する一見装置と見えないモノが、実は市場の機能を実行し、市場のネットワークに参加する人の行動を形作る装置としてふるまっているというものである。

[5] Callon, M. et al. eds. 2007 *Market devices*, Blackwell.

スーパーマーケットのショッピングカートがその例である。カートはスーパーにおけるショッピングを定義する市場装置でもある。購買における計算の能力は、消費者個人ではなく、ショッピングカート、ディスプレイといったモノにより規定される。また市場装置の概念は、ツールとその利用者（**ユーザー**）・開発者の相互生成の研究にもつながる。たとえば、証券アナリストの誕生プロセスでは、証券アナリストは新しく考案された株価チャートをもとに市場の心理的反応を解釈することで、市場に実体性を与えるようになる。

市場の過程は複数の装置が構成されていく過程でもある。ノルウェーのタラ漁業の事例では、資源経済学の理論が漁獲量制限のため導入されたが、これに関連して、漁師のコミュニティという組織が、漁船のオーナーが政治取り引きをするための市場装置に転換される過程が描かれている。[6] 市場装置という視座は、個人と社会構造の二項対立を慎重に避けながら、システムの変化を解明できる強みをもちうるのである。

この市場装置の概念はイノベーション研究にも応用された。一見装置に見えない**ビジネスモデル**（事業計画）が市場装置の一つであるといった議論である。[7] イノベーションにおいて、ベンチャー企業が技術を商品化、事業化する際に必要な資金や人的資源などのリソースを集めるために、資金の出し手であるベンチャーキャピタルなどの関係者に向けて資料として作成するのがビジネスモデルである。このビジネスモデルは一度作成されると、行為遂行性をもった将来のモデルとして、イノベーションの技術的そして経済的なネットワークに影響を与え、その過程を形作っていくのである。

### ■市場のネットワーク

カロンはまた市場の過程を、ネットワークの不安定状態から安定状態への変化とし

[6] Holm, P. & Nielsen, K. 2008 Framing fish, making markets, In Callon, M. et al. eds. 2007 *Market devices*, Blackwell.

[7] Doganova, L. & Eyquem-Renault, M. 2009 What do business models do?, *Research Policy*, 38(10).

て説明する。その過程で業界の構造や競争の形態、そして技術が形成されると説明している。具体的には、米国の社会学者グラノヴェッター（M. Granovetter）とマクガイア（P. McGuire）が研究した米国の初期の電力市場の進化[8]を取り上げ、これが**社会技術的ネットワーク**の生成であるとした。生成されたネットワークは、他の企業をネットワークから除外することによって厳しく規制された競争状態を作り出し、少数の企業が持続可能な利益を引き出すこと、すなわち市場の寡占状態を可能にした。米国の初期の電力市場の例では、市場における有力者が、他者との競争を有利に導くため、業界団体を設立、公的機関にロビー活動を行ったりしながら、特定の企業、団体とのネットワークの強化を行った。さらには、複数の有力者が電気製品の製造の技術標準を作るために共同研究室を立ち上げ、競争を有利に進めるための技術標準の策定も行った。市場を形成する過程は、業界の構造、競争の形成と同時に、技術を形成する過程でもあると考えるのである。[9]

### ■価値評価研究

関連した研究として、**価値評価**（valuation）についての関心も高まっている。価値評価論によると、価値評価は、価値の査定（evaluating）と価値の産出（valorizing）の二つの側面をもつ。[10] 価値評価が扱う価値には二つの側面がある。第一は、何か、もしくは誰かが保有している事物としての価値ではなく、操作、慣行、行動、過程、も

[8] Granovetter, M. & McGuire, P. 1998 The making of an industry, In Callon, M. ed. *The laws of the markets*, Blackwell.

[9] この分野は特に欧州では活発に研究がなされている。Knorr Cetina, K. & Preda, A. eds. 2004 *The sociology of financial markets*, Oxford University Press. ／ D・マッケンジー 2013『金融市場の社会学』流通経済大学出版会／Pinch, T. & Swedberg, R. eds. 2008 *Living in a material world*, MIT Press.

[10] Vatin, F. 2013 Valuation as evaluating and valorizing, *Valuation Studies*, 1(1). 本論文でヴァティンは価値評価を説明するためにデューイを参照している。デューイについては本書1－4、7－1参照

しくは動きとしての価値、すなわち過程としての価値である。第二は、社会と独立に存在しえない価値、モノと人のネットワークによってささえられた価値である。

大学等の公的研究機関による研究成果が技術シーズとなって始まるイノベーションにおいて、価値評価論は重要である。このタイプのイノベーションにおいては、成果に対して価値の査定が何度もなされ、それで価値が生み出されるからである。たとえば、あるまとまった研究成果が出ると「特許化するだけの価値があるか」という価値査定がなされる。それを通過し、研究成果の特許化がなされると、研究室や産学連携組織がその特許を企業に売り込んでいく。研究室は、その特許の価値を企業に高く評価してもらうため、市場調査などを実施し、収益性の高い製品・サービスについての「仮説」をたてて企業に売り込みをしていく。こうして価値が生み出されるのである。身近なところではインターネットの口コミ、顧客レビューなどもこの価値評価であり、社会のいたるところに存在する。価値評価研究は、ＳＴＳでは始まったばかりである。

〔吉田憲司＋日比野愛子〕

コラム3　科学技術の移転

鈴木舞

科学技術の移転の際には、それがおかれた状況を考慮に入れる必要があることは、本書でも議論した通りである。こうした状況に配慮し移転を成功させるために、ＳＴＳ研究者が移転プロジェクトにかかわることがしばしばある。

筆者は、日本からネパールへの地震に関する科学技術の移転を行うプロジェクト[1]に参加経験がある。２０１５年にネパールで大地震が発生し大きな被害が生じた。この大地震からの復興や、ネパールヒマラヤで将来の発生が懸念される巨大地震の被害軽減のために、日本とネパールが協力し、ネパールにおける地震観測システムの設置や震源モデルの構築、地震動予測やハザード評価などが行われた。その一環として、ネパールにおける地震研究および教育基盤の構築が目指され、筆者もその活動を担った。

具体的な役割は、ネパールの大学における地震学カリキュラムの確立であったが、そこには科学技術の状況依存性にかかわるさまざまな課題が待ち受けていた。たとえば、ネパールでは大地震に比べて洪水の発生頻度が高く、大学教員や学生が地震学に期待を寄せる一方で、多くの人びとは地震よりも洪水の被害軽減に関心をもっている。そのため、ネパールで地震学カリキュラムが根づくのかという課題、さらに観光産業以外の産業があまり発達していないネパールにおいて、カリキュラム受講者が職を得られるのかという課題など、ネパールという状況に関連した課題が多数存在していた。

頭では理解している科学技術の状況依存性であるが、現実のそのあり方は複雑に入り組んでおり、それらを解きほぐし、移転を成功させるのにはさまざまな関係者との交渉が必要である。エジソンが成功した理由として、彼が電球だけではなく電力システム全体を構築したからだという分析が存在するが[2]、ネパールのプロジェクトでも地震学に関連するシステムを考慮に入れる必要があった。ＳＴＳ研究者が現状の分析から実践にかかわるようになった今日、システムビルダーとして活躍する日もくるのであろうか。

[1] 地球規模課題対応国際科学技術協力プログラム（SATREPS）、国立研究開発法人 科学技術振興機構（JST, JPMJSA1511）／独立行政法人 国際協力機構（JICA）「ネパールヒマラヤ巨大地震とその災害軽減の総合研究」（研究代表者 纐纈一起）
[2] T・ヒューズ 1996『電力の歴史』平凡社

## コラム4 イノベーションの現場

吉田憲司

イノベーションという言葉の定義は経営学、経済学、組織論などさまざまな学問分野でなされ、その数は数十を下らない。社会に氾濫するイノベーションという言葉は、その言葉を用いる人の社会的な背景によって意味が少しずつ異なる。たとえば、幾多の苦難を乗り越えてきた大企業経営者と、ベンチャー企業で働く若手コンピューター技術者では、その用いられ方が違うと想像する。社会で用いられるイノベーションという言葉は曖昧であるが、筆者も含むイノベーションの現場で働く人びとは、自らがかかわる個別のイノベーションのひとまずの成功を目指し日々努力している。

そのイノベーションの成功、失敗とは何なのか。本書の編者でもある福島真人先生と話をした際の一つの話題である。成功したイノベーションという言葉から連想されるものの一つが、スマートフォンではないかと思う。筆者はPDA（personal digital assistant）を愛用していた時期があるが（おそらく世代によってはPDAと聞いてもピンとこないのではないかと思う）、日本のメーカー各社から発売されていたPDAというカテゴリーの製品は2000年代後半にはほぼ市場から姿を消した。PDAというカテゴリーの製品に代わって登場したのがスマートフォンである。スマートフォンは急速に社会に普及し、もはや社会技術的ランドスケープ[1]となったといえるのではないかと思う。ではPDAは失敗で、スマートフォンは成功なのか。PDAというカテゴリーの製品は、その製品群の終息の時点では失敗と判断されたかもしれないが、後日振り返るとPDAの技術は継承されスマートフォンとして成功したともいえる。失敗と成功は一時的なもので、どういった時間範囲で考えるかによって逆転することもある。

STSのイノベーション研究は、イノベーションを過程として捉え、その過程に関心をもっている。過程の一部分を切り出して成功、失敗と述べることをあまりしない点は、私が好きな点である。イノベーションを成功させようと必死になっている国内の現場で、STSのイノベーション研究の理論が用いられることはいままではあまりなかったが、今後そのかかわりはどうなっていくのか。本書を手に取った方の中から、そのかかわりに関心をもつ仲間が出てきてくれることを楽しみに思っている。

［1］本書3－3参照

# 第4章

# 場所

科学の成果は普遍的に妥当することが要求されるが、その研究そのものは特定の場所から始まる。その意味で科学の特性は、その普遍性要求と場所性の間の相剋、ダイナミズムにある。また場所は、視点とも読み替えることができる。すべての研究はある視点から始まり、その視点による特性と限界を内包する。それが本章のテーマである。

4-1

# 科学の地理学

特殊相対性理論から導かれる、$E=mc^2$という公式は、世界のどこでも通用する。科学とは普遍的なものであり、誰がいつどこでその知を生み出したのかというさまざまな付帯条件とは無縁なものとされている。こうした科学の普遍性に対し、科学の場所性に注目した研究が**科学の地理学**である。[1]

科学の場所性に関する研究は、三つに分類できる。一つ目は実験や観察などの科学の活動が行われる物理空間に着目し、そこで行われる科学実践が空間から受ける影響を研究するものである。二つ目はそうした空間自体がおかれている地理的状況（土地だけではなく、その土地に根づいた文化や社会制度、時代状況も含む）に注目し、それらが科学実践や科学的知の受容に与える影響を研究するものである。さらに三つ目として、科学と関連したテクノロジーが誕生する場所や、テクノロジーの別の場所への移転に焦点化した研究がなされている。

［1］科学の地理学という研究領域は、地理学者かつ歴史学者であるリヴィングストン（D. Livingstone）が、その著書の中で提起したものであるが、彼以前にも科学の場所性に注目した研究は存在する。D・リヴィングストン 2014『科学の地理学』法政大学出版局

## ■科学の空間

近代科学が成立したヨーロッパにおいて、科学活動とは当初私的空間で行われていた。世界各地から集められた奇妙な品々は、**驚異の部屋**とよばれる、コレクターの家に作られた陳列室に並べられ、個人的に観賞された。[2] また錬金術師の奥まった工房で、金を作るための実験が行われていた。[3] しかし、より多くの人びとに自身の知を普及するために、科学活動が公的空間で行われるようになる。

そこでの展示を通して人びとが科学的知に触れる空間として、**ミュージアム**（博物館）が存在する。イタリアのミュージアムの分析を通して、フィンドレン（P. Findlen）はそれが**博物学**に与えた影響を分析している。16～17世紀にミュージアムが誕生すると、それまで「世界を旅する人」として自然の中に赴きさまざまなものを収集し分類していた博物学者たちが、ミュージアムの中で自然を観察したり、解剖や実験により自然に介入したりするようになる。さらに、自らの実験結果を広く承認してもらうために、来館する人びとの前で公開実験や公開解剖などが行われるようになったという。ミュージアムという空間を通して博物学が変貌し、公開実験により科学が個人的なものから社会的なものへと転換された。

ミュージアムでの科学実践は、現在のような**大学**の実験室での科学活動へとつながっていく。現在では、大学という空間は科学研究の中心の一つとなっているが、16～17世紀は必ずしもそうではなかった。11～12世紀にヨーロッパで成立した大学で

[2] P.・フィンドレン 2005『自然の占有』ありな書房

[3] こうした錬金術師の工房は、画家の興味の対象であり、怪しげな場所として描かれてきた。橋本毅彦 2008『描かれた技術 科学のかたち』東京大学出版会

は、キリスト教思想に基づくスコラ学を教授し維持することが使命とされていた。そのため、科学活動は大学外部に成立した学者の共同体である**アカデミー**（学会）で行われていた[4]。その後、科学と宗教の分離や大学の制度改革により研究の舞台が大学へと移るが、そこでも、実験室という空間を必要とする実験科学と大学当局との交渉や、工学などの新分野と旧分野とが研究場所について争うといった、空間をめぐるさまざまなポリティクスが存在していることが指摘されている[5]。

さらに科学を行う空間が集積することで、科学が展開していく様子も分析されている。たとえば19世紀のベルリン、ロンドン、パリなどのヨーロッパの**都市**には、大学や研究所、図書館、ミュージアムといった、科学が行われる空間が相次いで建築された。こうした科学都市空間は、科学の中心地として学者を引き寄せるとともに、人びとへの知識の普及に貢献したという[6]。

## ■科学がおかれた地理

科学活動はさまざまな物理空間で行われるが、科学実践や科学的知はさらに、それらがおかれたより広い地理的状況とも関連している。科学史学者のシェイピン（S. Shapin）とシャッファー（S. Schaffer）は、実験科学者のボイル（R. Boyle）と哲学者のホッブズ（T. Hobbes）との論争を分析し、その一例を示している。17世紀になると、実験室やミュージアムで自然を操作する実験という新たな科学実践が行われるよ

[4] 17～18世紀に科学アカデミーが各地に創立され、公開実験や科学者の討論、学会誌の発刊などが行われた。古川安 2018『科学の社会史』筑摩書房

[5] P・バーク 2015『知識の社会史2』新曜社

[6] バーク 2015 前掲 [5]

うになり、ボイルはその中心であったが、ホッブズはこうした実験に異議を唱えた。両者の論争は最終的にボイルに軍配が上がるが、シェイピンとシャッファーは、その要因として17世紀の英国という地理的状況を指摘している。当時の英国は清教徒革命後の王政復古の時代で、秩序と規律が重視されており、そうした社会状況が、規則に基づいた実験という科学のあり方と合致していたのだという。[7]

こうした議論は、科学を社会との相互交渉の結果として捉えるSTSの諸潮流の拡大にも貢献したが、科学者側からの批判もある。[8] 他方、たとえば植民地主義を背景として、植民地がおかれた熱帯に関する生物学や医学に国家が投資しその分野の研究が進むなど、より一般的に、それがおかれた土地の社会状況と科学研究とが関連していることは否定しがたい。[9]

また、各地の時代状況を反映して、科学教育や研究のあり方が場所によって異なっていることも指摘されている。古川によれば、フランスでは18世紀末から啓蒙主義に基づき、人びとに益をもたらし社会を改良するものとして科学の実用性・技術的有用性が強調され、大学では科学と技術（土木、建築、軍事技術など）を一貫して結びつけるカリキュラムが設立された。一方でドイツでは、ドイツ・ロマン主義などに基づき、学問としての科学が重視され、科学が行われる大学が国家や社会から独立し、ひたすら知の探究に精進することを目指す空間、研究空間として確立していったという。[10]

[7] S・シェイピン、S・シャッファー 2016『リヴァイアサンと空気ポンプ』名古屋大学出版会

[8] 金森修 2014『サイエンス・ウォーズ』東京大学出版会

[9] 坂野徹 2019『〈島〉の科学者』勁草書房
　また、米国が帝国主義を背景に、カリブ海での支配を確立するために、そこで蔓延していた黄熱病の治療を目指した熱帯医学研究を推進したことも分析されている。F・ドラポルト 1993『黄熱の歴史』みすず書房

[10] 古川 2018 前掲［4］
　日本の科学史については、以下に詳しい。伊東俊太郎・村上陽一郎（編）1989『日本科学史の射程』培風館／吉田光邦 1987『日本科学史』講談社

さらに、科学的知の受容のあり方も、場所と関係していることが分析されている。1859年にダーウィン（C. Darwin）の『種の起源』が公刊されたが、彼の進化論は、国によって異なる受容のされ方をしていたことがわかっている。[11] ダーウィニズムは、それ自体がイデオロギー的文脈から解釈されることが多いため、その受容のされ方の地域差はある意味当然な面もある。しかし、たとえば地理学者であるフォンフンボルト（A. von Humboldt）の著作が国により受け取られ方が異なったり、[12] プレートテクトニクスの受容が、当時の日本の地質学界の反発により世界的にも遅れたりしたなど、[13] 科学的知の受容と場所との関係性が広く指摘されている。

[11] リヴィングストン 2014 前掲［1］／松永俊男 1996『ダーウィンの時代』名古屋大学出版会

[12] D・ボッティング 2008『フンボルト』東洋書林／リヴィングストン 2014 前掲［1］／A・ウルフ 2017『フンボルトの冒険』NHK出版

[13] 泊次郎 2017『プレートテクトニクスの拒絶と受容』東京大学出版会

## ■テクノロジーと場所

科学の場所性に関しては、科学に基づくテクノロジーについても、研究が進んでいる。たとえば、テクノロジーがそれに関連する社会集団の相互交渉の中で発展するという技術の社会的構築論[14]を展開させる形で、ノークリフ（G. Norcliffe）は、**技術の地理的構築論**（geographical construction of technology）という考え方を提起している。英国の都市コヴェントリーは、1880年には世界の自転車産業の最大中心地となる。その理由としてノークリフは、コヴェントリーという都市の特殊性を指摘している。コヴェントリーでは、自転車に関する知識や特許の共有、自転車クラブや自転車に関する出版物の刊行などを通して、自転車開発者とユーザーとが強く結びつく環

[14] 本書3－1、7－3参照

境が生み出された。こうしたコヴェントリーの特殊な環境のもと、開発者とユーザーとが相互作用し協力しながら、新たな自転車が生み出され、コヴェントリーが自転車産業の中心として発展していったのである。[15]

また**技術移転**の観点からも、テクノロジーの場所性が検討されている。アクリッチ（M. Akrich）とラトゥールは、テクノロジーには**スクリプト**（script, 台本）が付随していると主張する。[16] スクリプトとは、デザイナーが意図するテクノロジーの利用のされ方であるが、それは世界どこでも通用するわけではない。たとえばヨーロッパから光電照明キットなどを発展途上国に移転した際、ヨーロッパの状況に基づいてデザインされたキットは発展途上国ではうまく機能せず、現地のユーザーは独自のやり方でキットを利用したという。デザイナーの作ったスクリプトとは異なるテクノロジーの利用のされ方を、アクリッチは**脱スクリプト**[17]（de-scription）とよんでいる。テクノロジーもそれがデザインされた場所と関係しており、その場所から離れると途端に異なる意味づけや利用のされ方、脱スクリプトがなされるのである。[18]

われわれの生活は、われわれがどこに生まれ、どこで暮らしているのかと密接に関連しており、それは科学も例外ではない。場所という人の営みと不可分のものに着目することで、多様な科学のあり方が示されている。

〔鈴木舞〕

[15] Norcliffe, G. 2009 G-COT, *Science, Technology, & Human Values*, 34(4).

[16] Akrich, M. & Latour, B. 1992 A summary of a convenient vocabulary for the semiotics of human and nonhuman assemblies, In Bijker, W. & Law, J. eds. *Shaping technology / building society*, MIT Press.

[17]「記述」（description）という言葉とかねた地口である。

[18] Akrich, M. 1992 The de-scription of technical objects, In Bijker, W. & Law, J. eds. *Shaping technology / building society*, MIT Press.

# 4-2 実験室という場所

17世紀に自然を直接取り扱う実験や観察という新たな科学実践が誕生すると、経験的知の獲得が可能になるとして科学者から重視されるようになる。実験や観察はさまざまな場所で行われたが、その中でも特に**実験室（ラボラトリー）**は、現代に至るまでその中心地であり、科学的知の源泉としてSTSの誕生当初から多数の分析が行われてきた。実験室に関する研究は、その内部に注目したものと、実験室と外部との関係性に注目したものとが存在し、それらを通して科学の特徴が検討されてきた。

## ■科学的知の源泉

1970年代以降、現代世界で特権的地位を獲得している科学を解明するために、STS研究者たちは実験室に入り込んでいった。実験室の活動を分析することで、科学の特殊性が明らかになると考えていたのである。ラトゥール（B. Latour）とウールガー[1]（S. Woolgar）、クノール＝セティナ[2]（K. Knorr-Cetina）、リンチ[3]（M. Lynch）、トラウィーク[4]（S. Traweek）などにより、長期間のフィールドワークに基づいた**ラボラ**

[1] Latour, B. & Woolgar, S. 1979 *Laboratory life*, Sage Publications.

[2] Knorr–Cetina, K. 1981 *The manufacture of knowledge*, Pergamon Press.

[3] Lynch, M. 1985 *Art and artifact in laboratory science*, Routledge & Kegan Paul.

[4] Traweek, S. 1988 *Beamtimes and lifetimes*, Harvard University Press.

**トリー研究**が始まった。[5]

　こうした研究の中でラトゥールたちが強調したのは、実験室とは、そこでの実験や観察によって即座に科学的知が生み出される場所であるという、一般的に考えられがちな単純なものではなく、実験室では人やモノの複雑な相互交渉が生じているということである。たとえばラトゥールとウールガーは、ギルマン[6]（R. Guillemin）の実験室での調査により、科学者はその多くの時間を、ものを読んだり書いたりする活動に割いていることを明らかにしている。そうした活動には、実験や観察により得られたデータを数値化したり図表化したりする作業も含まれるが、ラトゥールとウールガーはこうした実験結果が可視化された数値や表を**刻印**（inscription）とよんでいる。そして刻印が、データを秩序化し実験結果の正当性を他の科学者に認めさせるものとして機能している様子を詳述し、実験室において人とモノが相互作用している様子を分析した。[7]

　またリンチも、実験室での実験や観察の結果得られたデータが人工物かそれとも正しいデータかの判断は単純にはできず、現場での科学者の経験やスキル、さらに科学者間でそれについて議論を交わす中で総合的に弁別が行われていく様子を、会話分析を中心に示した。[8] さらにクノール＝セティナは、実験や観察のために実験室では自然の一部が切り出され、実験や観察に適した形になるように実験室内部の環境や実験動物などが管理されている様子を詳細に検討した。[9] こうしたラボラトリー研究を通し

[5] ただし正確には彼らがこうしたラボラトリー研究の嚆矢というわけではない。1960年代にすでに、米国の社会学者ペリー（S. Perry）が実験的な精神医学研究センターでの現場調査を行っている。Fukushima, M. 2020 Before laboratory life, *BioSocieties*, 15(2).

[6] フランスに生まれ、米国のソーク研究所の実験室で甲状腺刺激ホルモン放出因子の研究を行っていた。1977年にノーベル生理学・医学賞を受賞。

[7] Latour & Woolgar 1979 前掲［1］

[8] Lynch 1985 前掲［3］

[9] Knorr-Cetina 1981 前掲［2］

て、科学的知を生み出すために行われる科学者の複雑な活動が示された。[10]

## ■実験室と世界

実験室に注目したラボラトリー研究へのＳＴＳ内部からの批判として、実験室はそれが単独で存在しているのではなく、実験室での活動を維持するための資金獲得や科学政策といった実験室の外部と関係しており、実験室内外の交渉について分析がなされていないというものがある。[11] この批判に対応してラトゥールは、パストゥール（L. Pasteur）の実験室を事例とし、実験室という場所とその外部である世界とのつながりを考察している。

パストゥールの実験室は、19世紀後半世界的に影響力をもち、世界中から関心を注がれていたが、それはパストゥールが世界を巻き込んでいった結果であるとラトゥールは主張する。[12] ラトゥールによれば、パストゥールは家畜の炭疽病に注目し、その要因として微生物の存在を指摘した。そして、自身の実験室であれば微生物をうまく扱い、炭疽病への解決策を見出せると主張し、微生物、家畜、農家、獣医師、獣医学、衛生学、フランス社会などの多種多様なものを実験室に結びつけていった。科学者は、他の人びととの利害関心を自分の関心に引き寄せる形で**翻訳**し、多くの人びとをその活動に巻き込んでいく。こうした科学者の活動が行われる実験室とは決して孤立したものではなく、それを通して外部とのネットワークが構築されるものであること

[10] 日本におけるラボラトリーについての記述的研究としては、以下を参照。福島真人 2017『真理の工場』東京大学出版会／鈴木舞 2017『科学鑑定のエスノグラフィ』東京大学出版会

[11] Knorr-Cetina, K. 1995 Laboratory studies, In Jasanoff, S. et al. eds. *Handbook of science and technology studies*, Sage Publications.

[12] Latour, B. 1983 Give me a laboratory and I will raise the world, In Knorr-Cetina, K. & Mulkay, M. eds. *Science observed*, Sage Publications.

[13] ラトゥールらのいう「クレジットサイクル」（信用上昇サイクル）はブルデューの「象徴資本」に近い。後にアクターネットワーク化するのである。*Laboratory life* 第1版（1979）の副題が「科学的事実の社会的構築」なのに、第2版（1986）ではただの構築に変わっているのもそのためである。

が示された[13]。

さらに、エイズや筋萎縮性側索硬化症などの患者団体が、その治療をめぐって医学系の実験室に影響を及ぼしている様子や[14]、細胞の免疫表現型解析を事例とし、それにかかわる多数の実験室や医療、産業界が一体となり、解析に関する理論枠組みや機器、解析手法などについて共有された**プラットフォーム**（platform）が形成され、研究が進んでいく様子などが分析され[15]、実験室と世界との多様な結びつきが考察されている。また、福島は2000年代に日本で行われたタンパク3000という国家プロジェクトを検討する中で、国の科学政策や諸外国との関係性が、実験室での活動やその方向性に影響を及ぼしていると指摘している[16]。

## ■知の共有と問題

一方で、こうした実験室とその外部とのつながりゆえに、科学者がさまざまな問題に直面していることも分析されている。実験室がそれ単独では存在していないことを示す事例として、**追試／再現実験**が存在する。実験室における実験や観察を通して新たな科学的知が誕生するが、それは必ず他の実験室の追試を受け、その知が正しいかどうか確認される必要がある。追試とは、それによって多様な科学的知が共有されていくプロセスであり、追試を通して実験室は別の実験室という外部と接続している。しかし、そこには場所性と関連した問題が発生していることがわかっている。

［14］本書7－2参照

［15］Keating, P. & Cambrosio, A. 2003 *Biomedical platforms*, MIT Press.

［16］福島 2017 前掲［10］

たとえばコリンズ（H. Collins）は、重力波検出に関する問題を指摘している。2016年に直接検出に成功した重力波を初めて検出したと発表したのは、物理学者のウェーバー（J. Weber）であった。1986年のウェーバーの発表に対して、世界中の実験室で追試が行われたが、誰も重力波を検出することができなかった。ウェーバーは、ウェーバー・バーとよばれる独自に考案した検出装置を利用し、また検出には彼独自の暗黙知が使用されており、他の実験室ではウェーバーと同じ実践を行うことが不可能であった。コリンズはこうした状況を**実験者の無限後退**（experimenters' regress）と述べているが、実験室で行われる科学活動は、その実験室でどのような試薬や装置が利用できるか、実際に活動を行う人の経験や能力、また実験室の環境に依存している。すなわち科学活動とは特定のモノや人、環境を含んだ特定の実験室という空間と密接に関係している。それゆえに、ある実験室で行われた科学活動を他の実験室で再現することが難しく、追試を行って知の信頼性を評価することが困難になるのである。[17] 科学的知の共有には、実験室の状況を世界各地で同一にする必要があるが、実験室の場所性ゆえにそこには難しさが伴っていることが分析されている。

そして、こうした追試の難しさは科学の**不正**というさらなる問題を引き起こす。ベル研究所のシェーン（H. Schön）が起こした論文捏造は世界的な大スキャンダルとなったが、そこにも実験室の場所性が関係している。当初シェーンの超電導に関する実験結果を世界の誰もが再現できなかったにもかかわらず、科学者たちは彼の主張

[17] Collins, H. 1992 *Changing order*, University of Chicago Press.

これは科学者の「暗黙知」に関わる問題と考えることもできる。Collins, H. 2010 *Tacit and explicit knowledge*, University of Chicago Press.

を受け入れた。その背景には、シェーンが彼独自の実験装置やノウハウを利用しており、それを他の人びとが再現することが難しいと科学者が認識してしまったこと、またシェーンがベル研究所という権威ある場所に所属していたことから、人びとがその主張を鵜呑みにしてしまったことなどが指摘されている。科学活動が実験室の場所性と関係していることは、科学者にとってはある意味自明のことである。しかしそれが逆効果となり、追試が成功しないことはシェーンの不正ゆえではなく、実験室の場所性ゆえに仕方のないことだという意識が働いてしまったという。こうした実験室の場所性に関連した不正は、シェーンにとどまらないことが示されている。[18]

[18] W・ブロード、N・ウェイド 2014『背信の科学者たち』講談社／福島 2017 前掲［10］／村松秀 2006『論文捏造』中央公論新社

## ■閉じられ開かれた場所

実験室とは、一見すると物理的境界が存在する閉鎖的な空間のように思われるが、そこで生み出される科学的知は他の科学者や社会の関心を集めており、また彼らから認められる必要があるという点で、実験室は世界とつながっている場所でもある。そして、閉鎖的かつ開放的という性質をもった実験室の特性ゆえに、そこでの活動に付随する問題も指摘されている。実験室の分析を通して、科学という営みの複雑さが表面化されている。

〔鈴木舞〕

4-3

# 科学と民俗的知識

現代世界において科学知識は「普遍的な事実」として通用している一方で、これまで人類は科学以外にも多くの知識システムを生み出してきた。STSの勃興以前から文化人類学や歴史学が科学以外の知識システムを研究してきたが、STSにおいてもこうした知識システムは**土着の知識**（indigenous knowledge）あるいは**民俗的知識**（folk knowledge）とよばれ[1]、科学の特性を理解するための比較対象として参照されてきた。この節では、人類学や歴史学の研究からさまざまな民俗的知識を紹介したうえで、STSでは科学と民俗的知識との関係をどう論じてきたのか、そこで浮き彫りになってきた**普遍性**と**場所性**という問題を考えていく。

## ■科学以外の知識システム

非西洋社会においても近代西洋科学と比べることができるような複雑な知識システムが数多く存在することは、世界各地の社会を研究する人類学者や過去の社会を研究する歴史学者の手によって明らかにされてきた[2]。文化人類学では非西洋社会の知識を

[1] 文化人類学ではローカル・ノレッジ（local knowledge）が規範や常識的判断も含めた広範な概念として用いられる。Medin, D. & Atran, S. eds. 1999 *Folkbiology*, MIT Press. ／C・ギアツ 1991『ローカル・ノレッジ』岩波書店

[2] 各地の民俗的知識を総覧した事典も存在する。Selin, H. ed. 1996 *Encyclopedia of the history of science, technology and medicine in Non-Western cultures*, Kluwer Academic Publishers.

研究する**エスノサイエンス**（ethnoscience）という研究分野がかつて存在し、代表的なものに、フィリピンのハヌノオ族（Hanunoo）の精緻な植物分類体系を明らかにしたコンクリン（H. Conklin）の研究が挙げられる。[3] 分類学的なエスノサイエンス以外にも、太平洋の島々の諸社会にある航海術などは、コンパスや海図なしに遠洋航海を可能にしていることから人類学者の関心が寄せられた。これらの社会の人びとは、航海ルートが織り込まれた詠唱や上空の星の位置確認などの技術を用いて遠洋航海を達成していたことが知られている。[4]

歴史学からもさまざまな民俗的知識の事例を知ることができる。かつて南米に存在したインカ帝国は、紐の結び目を用いて人口や土地の生産力などさまざまな情報を表す技術（キープ）によって、文字を使用することなく巨大な帝国を統治していた。[5] インカ帝国に限らず、さまざまな社会で西洋近代科学の到来以前から自然科学に相当する豊かな知識が蓄積されてきたことは、私たちが慣れ親しんでいる日本や中国といった例を思い起こせば納得できるだろう。[6]

こうした非西洋社会のさまざまな知識システムと近代西洋科学を比較して、かつては両者の間に本質的な違いがあると考えられてきた。古典的な人類学における両者の捉え方は、たとえば構造主義の創始者であるレヴィ＝ストロース（C. Lévi-Strauss）の議論にその典型を窺うことできる。『野生の思考』において、彼はいわゆる未開社会の思考がもつ合理性を強く擁護したが、その合理性とは抽象的な科学の思考とは異

［3］Conklin, H. 1954 *The Relation of Hanunoo culture to the plant world*, Yale University.
邦訳ではエスノサイエンスと呼ばれることもある。レヴィ＝ストロース 1976 後述［8］1章も参照

［4］国立民俗博物館（編）2007『オセアニア』昭和堂

［5］島田泉・篠田謙一（編）2012『インカ帝国』東海大学出版会

［6］J・ニーダム 1991『中国の科学と文明』思索社

なり、周囲の環境にある動植物などの具体物をブリコラージュ[7]することで知識を作り上げる**具体の科学**であると論じた。[8] 彼のように、かつての人類学は科学を普遍的な真理とみなして非西洋社会を捉える基準に用い、科学以外の知識システムは科学のように精密であっても、知識が作られるローカルな環境に留まった特殊なものだとみなす傾向にあった。科学と民俗的知識の違いは普遍性と場所性の違いであると考えられていたのである。

## ■普遍性と場所性

しかし、こうした先行する古典的研究を参照しながら発展してきたSTSは、徐々に科学が普遍的真理であるという考え方を疑い、場所性というものが科学においても無視できない重要な要素であることを明らかにしてきた。ブルア（D. Bloor）が提唱した**ストロングプログラム**は科学の普遍性を疑問視する初期の動きである。彼は知識社会学を科学にまで拡張させ、成功した科学知識もまた信念の一種であり、その信念がもたらされた条件を社会学的に探究すべきという研究方針を打ち立て、これをストロングプログラムとよんだ。[9] ストロングプログラムは社会科学において普遍的な事実として不問に付されがちであった自然科学や数学であっても、特定の時代や場所のローカルな文脈に規定されているという考え方を全面的に打ち出した点に大きな意義があった。[10] その後のラボラトリー研究によっても、科学が実験室という特定の場所に

[7]「器用仕事」とも訳され、あらかじめ設計するのではなく、その場の有り合わせのものを組み合わせて何かを製作することを意味する。

[8] C・レヴィ＝ストロース 1976『野生の思考』みすず書房

[9] D・ブルア 1985『数学の社会学』培風館

[10] 本書1－2参照

よって知識が作られていることが示されてきた。[11] 科学という営みもまた他の知識システム同様にローカルな実践である側面が明らかにされてきた。

では、そうだとすると科学と他の知識システムが普遍的な知識とローカルな知識という対立に見えるのはなぜなのだろうか？ 両者の差異は普遍性と場所性ではなく、ネットワークの規模の違いであると**アクターネットワーク理論**の研究者は主張してきた。ラトゥール（B. Latour）は18世紀のフランス船のサハリン遠征を例に挙げ、**不変の可動物**（immutable mobile）と**計算の中心**（center of calculation）という概念で説明している。サハリンが島だという知識が確立するのは、調査隊が記録したノートがパリへと持ち帰られることによるものであり、ここで重要なのがサハリンからパリまでの長距離を移動しながら情報が変化することのないノートという物体である。ノートのように移動可能でありながら、内容が変化せず、他のノートやデータと結合可能なものをラトゥールは「不変の可動物」とよび、周辺への行き来を繰り返して集められた不変の可動物が実験室や資料室といった「計算の中心」に蓄積されることで、特定の場所に縛られた伝統的な知識のネットワークを超えて、科学がより広範なネットワークへと拡大することを可能にしていると論じた。[12] つまり、科学が「普遍的」に見えるのは多数の不変の可動物が計算の中心という特定の場所に集中しているという量的な理由であり、その意味でたとえばハヌノオの植物知識から中国の本草学そして現代の薬学まで、ネットワークの規模の大小によって異なるが連続したものと捉えるこ

［11］本書4－2参照

［12］B・ラトゥール 1999『科学が作られているとき』産業図書／Law, J. 1986 On the methods of long distance control, In Law, J. ed. *Power, action and belief*, Routledge and Kegan Paul.

とができる点をラトゥールらは強調する。[13]

## ■民俗的知識と科学の相互浸透

現代においても民俗的知識はＳＴＳの重要なテーマであり続けているが、かつての研究が科学と民俗的知識をそれぞれ独立したものとして扱い、両者の特徴を考察するものが主流であったのに対し、現在ではむしろ両者の相互浸透と境界の問題が中心となっている。これは現代世界において科学と接触していない民俗的知識がほとんど存在しないからでもあるが、同時に上述のように知識システムとして両者には本質的な差異がなく、互いのネットワークに接続する可能性があることが理解されるようになったため、科学と民俗的知識がどのように交差したり、**境界同定作業**[14]がなされたりするのかが注目されるようになったからでもある。また、ポストコロニアル研究やフェミニズム研究[15]の隆盛および世界各地での先住民運動の活発化にともない、科学と民俗的知識の関係に反映されてきた近代西洋との権力関係にも焦点が当てられている。

相互浸透と境界が問題となる代表的な領域が医学の分野である。各地の伝統的医療が西洋医学と遭遇する中で、どのようにお互いの知識が変容していくのかという問題はＳＴＳで大きな研究分野となっている。たとえば中国医学が、診療法や疾病の概念に西洋医学を導入し、また同時に西洋医学と差異化する形で「中国医学」という自らの医療システムを定義してきたことは広く知られている。[16]

[13] こうしたネットワークの量的拡大の議論は、17世紀科学革命における郵便制度や活版印刷の発展による情報ネットワークの爆発的拡大の重要性を指摘する歴史学の議論とも対応するものである。E・アイゼンステイン 2001『印刷革命』みすず書房／P・バーク 2004『知識の社会史』新曜社

[14] 本書２−１参照

[15] 本書４−４参照

[16] Zhan, M. 2009 *Other-Worldly*, Duke University Press. / Lin, W. & Law, J. 2014 A correlative STS, *Social Studies of Science*, 44(6).

また、1980年代以降の民俗的知識で重要となったのが権利の問題である。先住民運動が高揚し、彼らの権利として**先住権**（indigenous rights）が英語圏を中心に認められてきた。その過程で民俗的知識が先住民という権利主体であることの拠り所とされるようになり、権利という枠組みの中で民俗的知識が新たに再編されるようになったのだ。STS研究者自身も先住民運動にしばしば関与してきた点は特筆すべき点であり、オーストラリアのターンブル（D. Turnbull）とヴェラン（H. Verran）がその代表である。ヴェランはオーストラリア先住民のヨルング（Yolngu）社会の人びとと協力しながら、彼らの世界観が知識システムでもあることを主張する。オーストラリア先住民にはドリーミング（Dreaming）とよばれる、祖先からの土地の来歴や神話を内包した世界観が存在し、夢や議論を通じてこれらの知識は更新され、生活の基盤となる知識として機能している。先住民運動の中で、ドリーミングは正当な知識として政府が認めるコミュニティの土地の権利へと翻訳され、またヨルング側でも西洋的な所有権がガーマ[17]という概念によって翻訳された結果、ヨルングという権利主体と結びついた形で民俗的知識が新たに確立されたのである。

これまで述べてきたように科学と民俗的知識は知的実践の過程の中で相互に生成されている。そう考えれば市民科学もまた一種の民俗的知識ともいえる。[18] 知識システムとはローカルな実践が組み合わされた異種混淆のアッサンブラージュであり、その意味で科学と同様に民俗的知識もまた常に変容を続けているのである。

〔吉田航太〕

[17] ガーマとは複数の川が合流して渦をつくることを意味し、転じてヨルング社会において他者を受け入れる余地を意味する概念である。Watson, H. et al 1989 *Singing the land, singing the land*, Deakin University Press.

[18] 同時に市民科学のもつ限界も民俗的知識は抱えているともいえるだろう。本書7－2参照

## 4-4 ジェンダー

科学の場所性といった場合、「場所」とは地理的・空間的意味とともに、視点、立ち位置といった認識的意味も含む。科学とはそれを行う科学者の属性とは無関係の、普遍主義に基づく営みであるという科学社会学者マートン（R. Merton）の指摘とは異なり、科学もさまざまな立場、特に男女という視座と複雑に関係していることがSTSで指摘されている。男女の差、とりわけ文化的・社会的性差である**ジェンダー**[1]と科学がいかに結びついているのかを考察した研究は、科学に関する制度とジェンダーとの関係分析と、科学やテクノロジーの内容そのものとジェンダーとの関係分析とに区分することができる。さらに、科学とジェンダーに関する研究は、男女という分類そのものを超えた新たな展開も見せている。

[1] 一般的に、性染色体や生殖器の差異などの、男女の生物学的違いをセックスというのに対し、男性は仕事、女性は家庭といった文化的・社会的に生み出された男女の違いをジェンダーという。

### ■科学制度とジェンダー

日本でリケジョ[2]という言葉がブームになることからもわかるように、科学者や技術者には女性が少ない。また、科学史・テクノロジー史を振り返ってもそこに女性が登

[2] 理系女子の略称。

場することはさほど多くない。その理由について、歴史一般において女性が焦点化されることが少なかったことが指摘されているが、それに加えて女性が科学やテクノロジーの営みから排除されてきた様子が分析されている。[3] 科学史の研究によれば、11～12世紀にヨーロッパで大学が創設されるも、女性は19～20世紀まで大学への入学を許可されず、17世紀に成立し現代まで続く世界最古の科学アカデミーである英国の王立協会の会員として、女性が初めて選出されたのも1945年のことであったという。こうした状況の中でも、科学にかかわる女性は少なからず存在したが、男性の助手的立場であったり、また男性の名前で論文を執筆したりするなど、女性であることを隠して研究を行っていたことが明らかにされている。[4]

大学やアカデミーという科学に関する制度を通して、科学にかかわる男女の立場の違いが歴史的に生み出されたことが分析されているが、さらに統計分析により、女性が科学の道に進みにくい理由の考察[5]や、大学以前に保護者や初等中等教育の教員がもつ**ジェンダー・ステレオタイプ**[6]が、女性を科学以外の道に進ませる要因となっていることなどが示されている。[7]

## ■科学的知とジェンダー

一方で、科学者やテクノロジーにかかわるデザイナーなどのジェンダーやジェンダー観が、科学的知やテクノロジーそのものに影響を及ぼしている様子も研究されて

[3] L・シービンガー 1992『科学史から消された女性たち』工作舎

[4] M・アーリク 1999『男装の科学者たち』北海道大学図書刊行会／小川眞里子 2001『フェミニズムと科学／技術』岩波書店

[5] 小川眞里子 2020「科学とジェンダー」藤垣裕子（編）『科学技術社会論の挑戦2』東京大学出版会／L・シービンガー 2002『ジェンダーは科学を変える!?』工作舎

[6] 女の子はぬいぐるみ、男の子はロボットといった、ジェンダーに関する固定観念のこと。保護者や教員がこうした固定観念に基づいて子供に接することで、男女の職業選択に影響が生じていることが指摘されている。シービンガー 2002 前掲［5］

[7] Belenky, M. et al. 1986 *Women's ways of knowing*, Basic Books.／E・ケラー 1993『ジェンダーと科学』工作舎

いる。ハラウェイ（D. Haraway）によると、霊長類学では、雌雄の行動の描写が時代とともに変化しているという。1960年代以前の霊長類学において、霊長類の群れでは攻撃的で雌をめぐって争いを繰り広げる雄が中心的なものとして、一方で雌は献身的で雄に対して受動的であり、群れにおいて周辺的な存在とされてきた。しかしその後、雌も攻撃性を発揮し、性的選択を行い、雄のように争うことが指摘されるようになる。霊長類学者自身が述べているように、霊長類学とは当初、人間社会の理想化された形を霊長類の社会にも投影していた。その結果として、当時の人間社会で理想と考えられていた男女区分に基づき、実際とは異なる霊長類の雄雌のあり方が描かれていたことが分析されている。[8]

また、分類学の始祖であるフォンリンネ（C. von Linné）は、18世紀に動物分類として哺乳類というカテゴリーを作成した。これについてシービンガー（L. Schiebinger）は、哺乳類に分類される動物が共通してもつ特色としてさまざまなものが存在するにもかかわらず、乳房という特徴に注目し分類名として採用したことに、フォンリンネ自身のジェンダー観が見え隠れすると主張する。[9] こうした科学者のジェンダー観がその研究の内容そのものに反映されている様子は、その他の学問分野でも見られるが、[10] 女性が感情的で男性が理性的といった男女に関する一般的に目にしやすい言説にも、科学者のジェンダー観が影響を及ぼしていることが示されている。[11]

[8] Haraway, D. 1989 *Primate visions*, Routledge.／D・ハラウェイ 2000『猿と女とサイボーグ』青土社

[9] シービンガー 2002 前掲[5]

[10] 小川 2001 前掲［4］／ケラー 1993 前掲［7］

[11] C・ラセット 1994『女性を捏造した男たち』工作舎／シービンガー 1992 前掲［3］／L・シービンガー 1996『女性を弄ぶ博物学』工作舎

## ■テクノロジーとジェンダー

さらに、テクノロジーとジェンダーとの関係も考察されている。たとえばファンオースト（E. van Oost）は、**ジェンダー・スクリプト**（gender script）という概念に基づき、電動シェーバーの分析を行っている。スクリプトとは、ここでは基本的な観念の意味だが、特にテクノロジーを生み出すデザイナーがジェンダーに関してもっている暗黙の信念である。こうしたジェンダー・スクリプトはデザイナーが設計するテクノロジーに反映されるという。ファンオーストによれば、男性用と女性用の電動シェーバーは、テクノロジー好きの男性、テクノロジー嫌いの女性という、デザイナーのもつジェンダー・スクリプトに応じて、異なるデザインになっているという。[12]さらに、ウェーバー（R. Weber）は、米国の軍用機や民間機のコックピットの分析を通して、特定のジェンダー観に基づくコックピットの設計の結果、コックピットが女性にとって使いにくいものとなり、女性がパイロットになることを妨げてきたと指摘している。[13]

## ■部分的視角

科学とジェンダーとの関係性が考察される中で、科学者のまなざし、立場の中にもジェンダー・バイアスが存在していることが示され、自らを客観的なものとする科学のあり方に疑問が呈されたが、こうした分析は男女を超えたさらなる展開を見せてい

［12］ van Oost, E. 2003 Materialized gender, In Oudshoorn, N. & Pinch, T. eds. *How users matter*, MIT Press.

［13］ Weber, R. 1997 Manufacturing gender in commercial and military cockpit design, *Science, Technology, & Human Values*, 22(2).

る。科学とジェンダーに関する研究とは、男女という二項対立を解体する試みでもあるといえるが、現代というのは男女のみならず、人間と動物、生体と機械、物理的なものと物理的ではないものなど、さまざまな区分が空疎化し、アイデンティティが断片化していく時代だと考える研究者もいる。

ハラウェイはこうした、現代で重大な役割を果たす科学の客観性が揺らぎ、従来の二項対立的な秩序が壊れていく時代において重要なのは、**状況に置かれた知**（situated knowledge）を重視する立場であると主張する。彼女は、知は自律的・普遍的に存在しているのではなく、それぞれの立場、見方と関係しており、同じ対象についてもどのような立場で見るかにより、そのあり様は異なってくるとする。そして**部分的視角**（partial perspective）に基づくそれぞれの世界のあり方を許容し、その多様な視角のあり方を分析することが、複雑な現代世界を理解し、対象へのさまざまな観点からの考察に基づく客観的な知の構築につながるという。その際に役立つのが**サイボーグ**の視点であるとハラウェイは指摘する。生体と機械の融合体であるサイボーグは、そのうちに多様な視角、位置をもっており、それゆえに普遍性や全体性を志向せずに、多様な世界の眺めを部分的につなぐことができるという。こうしたサイボーグへの期待をハラウェイは、「サイボーグ宣言」としてまとめている。[14]

［14］ハラウェイ 2000 前掲［8］

## ■複数の立場

ジェンダーに着目することで、科学の背景に存在するさまざまな立場が明らかになってきたが、一方でこうした研究には課題も存在する。科学的知とジェンダーが関係しているという主張は、ともすると極端な**社会構築主義**につながる可能性があり、実際サイエンス・ウォーズの発端ともなったグロス（P. Gross）とレヴィット（N. Levitt）の著作では、科学とジェンダー研究が批判の対象の一つとなっている。[15] またたとえば $E=mc^2$ という公式が、われわれに必要不可欠な他の速度を無視し、光速を特権化している点で性化された、男性的方程式であるとし、男性的言語に代わる女性的言語が必要であるといった、（ある意味）過激な指摘には、科学者のみならず、ジェンダー研究者からも批判がなされている。[16]

ジェンダー研究とは、男性に比して社会的に立場が弱かった女性へのまなざしの中で生じたために、「劣位におかれた女性」という観点のみが焦点化されてしまう場合がある。近年ジェンダー研究一般においては、女性のみならず、男性の多様性や男性の抱える困難さにも注目した研究が行われている。[17] 科学に関するジェンダーの分析においても、ジェンダーが内包する複数の観点や、ジェンダーというものも科学を分析するうえでの立場の一つであるという姿勢を維持したうえで、冷静な研究を継続する必要がある。[18]

〔鈴木舞〕

[15] Gross, P. & Levitt, N. 1994 *Higher superstition*, Johns Hopkins University Press.

[16] J・バトラー 2018『ジェンダー・トラブル』青土社／Irigaray, L. 1987 Sujet de la science, sujet sexué, In *Sens et place des connaissances dans la société*, Centre National de Recherche Scientifiqie. ／A・ソーカル、J・ブリクモン 2000『「知」の欺瞞』岩波書店

[17] 伊藤公雄他 2019『女性学・男性学』有斐閣

[18] ハラウェイも、ジェンダーに関する研究は、一体性をもった（白人）女性を志向していた点で、人種などのそこからこぼれ落ちる対象への視点が欠落していたと指摘している。ハラウェイ 2000 前掲［8］

## コラム5　インドネシアの環境問題

吉田航太

環境問題が現代を考えるうえで欠かせないものとなってから久しいが、近年注目を浴びているのが人新世という言葉である。これは人間の影響が地層で区別できるほどに大きくなり新たな地質学的年代に入ったとする一部の研究者から提案された概念であり、アンブレラタームとして人文社会科学でも広く用いられている。人新世という言葉の流行は温暖化などの環境問題が文字通り地球規模の問題として理解されることを意味しており、STSでも（ラトゥールのように）これまでの社会の枠組みを超えた新たな領域だと力強く主張する声もある。しかし、忘れてはならないのはたとえ地球温暖化という巨大な問題であっても、個々の環境問題は特定のローカルな場所で観測され、対応されていることである。そこで地球から一気に視点を降下させて、ある国のある地域の事例にまで肉薄してみれば、グローバルとローカルが交錯し、地球規模と同じくらいの複雑性が立ち現れてくる。

筆者はインドネシアのスラバヤという地方都市におけるゴミ問題を研究している。インドネシアではゴミ処理が全国的な問題となっているが、一見疑問の余地なく問題であるように見えるゴミ問題は実はさまざまな側面を抱えている。たとえば政治とのかかわりである。ゴミ問題はここ20年で大きな注目を集めるようになったが、これはかつての権威主義体制において政府批判が可能な数少ない領域として環境問題があり、環境NGOや環境活動家が社会批判の重要なアクターとして民主化後の現在も存在してきたことが背景にある。そのため環境問題と政治はしばしば交じりあい、スラバヤでは旧体制側の市長と新興政党との対立が、埋め立て処分場への住民の抗議運動で先鋭化し、ゴミ問題が激化したのであった。また、国際的な状況が反映されている側面もある。スラバヤではゴミの焼却処分を導入するかがしばしば問題となっているが、その議論には、ほとんどのゴミを焼却処分している日本の動向と、焼却処分の割合が低いため焼却処分に否定的な米国や欧米の動向が反映されており、こうした国際的な廃棄物処理の論点は開発援助プロジェクトやNGOの国際的なネットワークを通じて導入されている。このようにフィールドワークに基づいて個別の環境問題を研究することは、人新世という曖昧な概念をローカルな実態に即した形で再検討することであり、今後の重要な研究課題だろう。

# コラム6　ラボラトリーの日常分析

鈴木舞

『マリノフスキー日記』[1]を、極端な事例として受け流せないほど、フィールドワーカーたちは調査地でさまざまな困難に直面するが、それは科学の現場も同様である。

筆者は、ニュージーランドで犯罪の証拠資料の科学鑑定を行うラボラトリーで長期間の参与観察調査を実施したが、そこでも多くの問題が存在した。まず調査をすること自体が困難であった。ニュージーランド以外にも複数の国の科学鑑定ラボラトリーに調査を打診したものの、門戸は固く閉ざされた。その理由としては、「機密性を維持するため」というものから、「自然科学を社会科学が分析する意味は何なのか」といったSTSの存在意義を問うものまで多様であったが、(この本の編者でもある福島真人先生の)個人的ツテで何とかニュージーランドに行くことが決まった。

ニュージーランドに渡航し、これで調査ができると喜んだのも束の間、筆者の調査先ではセキュリティなどの観点から、科学鑑定を行うラボラトリーへのアクセスが厳しく制限されており、なかなか調査を始めることができなかった。これではまずいと思い、昼食やお茶の時間に多くの人びとがやってくるティールームに陣取り、ガーデニングやクリケットなど、たわいもない会話を通して信頼関係を構築し、次第に科学鑑定ラボラトリーへの入室が可能となり、筆者がラボラトリーにいるのが、人びとにとって当たり前の日常のようになった。その後発生した多数の問題も多くの人びとの助けにより何とか乗り越え、有意義に調査を遂行できた。

科学の現場であるラボラトリーの独自性ゆえに、その調査は、従来のいわゆる伝統的社会を対象としてきたフィールドワークとは異なる難題に直面する場合もある。しかし、人の活動を分析するという点で最終的に重要になるのはやはり、社会科学の調査でこれまでも重視されてきた人とのつながりやラポールであるといえる。

[1] B・マリノフスキー 1987『マリノフスキー日記』平凡社

# 第5章 秩序

科学技術は常に革新の過程であるが、それと深くかかわる社会の構成は、そうした革新に対して秩序を維持する仕組みが要求される。特にそれは法にまつわる分野で顕著な現象である。と同時に、テクノロジーの分野でもそれ自体が社会の秩序構成に大きな影響を与えるという議論が近年盛んになっている。これらの論点を紹介する。

# 5-1 インフラ

STSにおいて、多用される概念的枠組みの一つが**論争**とその終結（論争中／論争後）という二項対立であり、それがテクノロジーの形成様式にも応用されて、技術の社会的構築論になった点はすでに示した[1]。この図式は、開発初期の多様な方向性のあり方と、それがロックインし、一種の長期的安定に向かうという流れを示している[2]。この図式は、確かに多くの研究上の成果をもたらしたのは事実であるが、この図式では解決できない問題があることもその後議論されるようになった。

## ■テクノロジーの長期持続

まず第一は、この二つの対比という点であるが、問題は、その両者の対比が鮮やかすぎて、二者間のより微妙な移行がうまく表現できないという点である[3]。もう一つの問題は、論争が終結したら、本当にそれで話は終わりなのか、という点である。ただし、後者に関しては、科学とテクノロジーではやや論点が異なる。科学の場合は、論争が決着すると関心はその事実を前提とした研究の方へ話が進むのが常である。科

[1] 本書3－1参照

[2] Bijker, W. et al eds. 1987 *The social construction of technological systems*, MIT Press.

[3] 本書3－1参照

学は常に新奇性を求める過程であり、留まってはいられないからである。他方テクノロジーの場合はどうであろうか。自転車の場合でいえば、さまざまな形態が試されたあと、それが収束するとは、そこで多様な試みが終結し、現在われわれがみるような標準的な形が安定的に形成されることを意味する。古典的な技術の社会的構築論ではそこで話がおわってしまうが、しかしそれは本当であろうか。

この点について厳しい批判を突きつけたのが、エジャートン（D. Edgerton）である。彼は従来のテクノロジー研究（STSのそれも含めて）が、基本的にテクノロジー進化の先端にしか関心をもたず、すでに安定して広く使われているテクノロジーについてはほとんど研究してこなかったことを厳しく批判した。彼はこうしたテクノロジーの最新状態のことを**革新的テクノロジー**（technology-in-innovation）、すでに広く行き渡っているテクノロジーを**使用中のテクノロジー**（technology-in-use）とよんで、後者の研究の必要性を強く主張したのである。彼は現状批判として10の項目を挙げているが、いまみるとSTSの研究動向はまさにエジャートンが推し進めてきた議論を追随しているという観すらある。[4]

これとは全く別の文脈で、都市テクノロジーについてのSTS研究の中からも、似たような批判がなされてきた。それはホメルズ（A. Hommels）のいう都市テクノロジーの（技術的な）「**堅牢さ**」（obduracy）についての議論である。これは都市テクノロジーが一度形成されるとそれを変化させるのは容易ではない、という意味で、一番

［4］Edgerton, D. 2006 *The shock of the old*, Profile Books. ／福島真人 2017「研究過程のレジリエンス」『真理の工場』東京大学出版会

わかりやすいのは道路や鉄道などのシステムである。一度その構造が作られると、関係する諸要素がその構造に基づいて形成され、それは長期的に影響を与えると同時に、それを変化させるのは相当難しいのである。[5]

## ■インフラストラクチャー

ＳＴＳの内部でも、従来の論争中／論争後とその終結というモデルをこえる試みの一つとして議論が続いているのが、いわゆる**インフラストラクチャー**（infrastructure）の研究である。インフラというのは日常的によく使われる用語で、下（infra）の構造（structure）を意味し、もともとは道路（あるいは地表一般）の表面をささえる地下の構造という意味らしい。[6] この語は都市インフラを中心に多くの分野に拡張して用いられているが、マルクス主義でいう「**下部構造**」（社会をささえる生産様式）の Unterbau というドイツ語の英訳として使われることもある。[7]

ＳＴＳ内部でこのインフラという概念が広く使われるようになったのは、スター（S. Leigh-Star）とルーレダ（K. Ruhleder）の先駆的論文による。スターが最初にインフラ研究を提案した論文には、これから「退屈な」研究を提案するというおもしろい文言がある。つまり派手な論争と不確実性に彩られた従来のＳＴＳの対象（たとえば遺伝子組み換え食品や環境問題にいたる、人びとを巻き込んだ論争）ではなく、表面に出てこないが、地道に日常的な研究をささえている、そうした存在の研究という意味

[5] Hommels, A. 2005 *Unbuilding cities*, MIT Press.

[6] インフラの語源には諸説あるが、大体はフランス語起源であると一致している。

[7] 英語ではこの「下部構造」は infrastructure と訳されたり、あるいは base と訳されたりもする。このマルクス主義的な視点が実は現在のＳＴＳにおけるインフラ研究と密接に関係しているという議論は以下を参照。福島真人 2017「知識インフラと価値振動」『真理の工場』東京大学出版会

である。彼女らの論文がいうインフラとはデータベース、つまり知識や情報にかかわるインフラを主題としており、STS内部ではまずもってこのタイプのインフラ研究が盛んになった。[8]

この論文の中で彼らは、インフラはもともと**不可視**（invisible）であり、故障したとき初めて**可視化**（visible）すると指摘している。ここでいう可視／不可視は物理的にみえるの意味ではなく、人びとの関心の対象になるか否かの意味である。[9] それがもともと不可視（つまり人びとの関心に乗らない）の状態である以上、それに着目するためには、研究者がわざわざそれを掘り起こし、人びとの関心を惹起する必要がある。これはたとえばアクターネットワーク理論のもともとの定義である問題化のネットワークという視点からいえば、動きとしては逆であり、脱問題化している状態をいわばわざわざ掘り起こして分析する、の意味でもある。[10]

そのほか、この論文で多くの新しい研究動向が示されたが、インフラの故障がそれを可視化させる一方、それを不可視たらしめているのは、それを**維持・補修**する継続的な努力でもある。スターらの提案に呼応して、近年ではこうした研究が盛んになってきた。[11] だが興味深いことに、この維持、補修というテーマは、パリ学派とその周辺が主張してきた不安定で流動的、というメタファーよりもむしろブルデュー（P. Bourdieu）の**再生産**の社会学を思われせるような側面がないわけでもない。[12] インフラという概念そのものがマルクス主義の「下部構造」という語の英訳として使われる

[8] Star, S. L. & Ruhleder, K. 1996 Steps toward an ecology of infrastructure, *Information Systems Research*, 7(1).／福島真人 2020「データの多様な相貌」『現代思想』48(12).

[9] 人類学等でのインフラ論ではここら辺のポイントを誤解している面もある。Larkin, B. 2013 The politics and poetics of infrastructure, *Annual Review of Anthropology*, 42.

[10] こうした意図的な作業のことをバウカーとスターはインフラ的転換（infrastructural inversion）とよんでいる。Bowker, G. & Star, S. L. 2000 *Sorting things out*, MIT Press.

[11] インフラの保全や修理という話はいまや流行のテーマである。Strebel, I. et al. eds. 2019 *Repair work ethnographies*, Palgrave MacMillan.

[12] P・ブルデュー、J・パスロン 1991『再生産』藤原書店

場合もあることはすでに記したが、実際バウカーらの「情報インフラ論」（データベース**分類システム**が知的活動を決定する）といった議論は、実はマルクス主義人類学者のゴドリエ（M. Godelier）の議論、つまり分類システムを下部構造（infrastructure）と定義し、それが上部構造を規定するという議論と同型なのである。[13]

またこのインフラの不可視性、あるいは補修や維持の見えない努力といった観点は、インフラという概念にまつわる固有の矛盾を照射する。インフラは必要不可欠の存在だが、しかし自分ではその製作や維持にはかかわりたくない、という矛盾した態度である。私はそれを**価値振動**（value oscillation）とよんだが、この二つの矛盾する傾向性によって、インフラをめぐる価値判断は一種の建前とホンネの間を揺れ動くのである。実際多くの研究が自分の研究や仕事一般がインフラ的とみなされることに対して抵抗を示す様子を分析している。[14]

このように、STSにおけるインフラ研究は、そこに**構造**（structure）という語が含まれているのをみてもわかるように、従来のより古典的な社会科学やSTS外部の研究との多くの平行関係を示すと同時に、それ自体の概念設定の曖昧さから、ややフォーカスを失っているようにもみえる。問題のルーツはスターらの前掲論文[15]にもみられるが、その一つがインフラを基本的に関係的な概念としたことである。具体的にはある特定のインフラユーザーにとっての不可視のインフラは、その修理工にとっては作業の対象であり、インフラかどうかはそれへのアクセス主体の視点によるといっ

[13] 福島 2017 前掲［4］／M・ゴドリエ 1986『観念と物質』法政大学出版局

なおこのバウカーの出発点はゾーン＝レーテル（A. Sohn-Rethel）の精神労働についてのマルクス主義的な研究である。A・ゾーン＝レーテル 1975『精神労働と肉体労働』合同出版

[14] 福島 2017 前掲［7］

[15] Star & Ruhleder 1996 前掲［8］

た議論である。確かにもともとインフラという言葉の原義は道路の表面をささえる下の構造ということだから、それ自体は道路の表面との関係で定義されることになるが、しかしもしある対象物に対するアクセスの視点でインフラが定義されるとしたら、ある意味で森羅万象がインフラということになりかねない[16]。実際スターらの議論でもそう読めるところもある。現状では常識的なインフラらしいインフラ（データベースや都市インフラ）という議論が普通である一方で、あれもこれもインフラだという議論も少なくない。だがそうなると理論的一般化は不可能である。

このことは、スターのいうインフラの不可視性という議論とも関係する。ある特定のインフラが不可視とされるのはそれが技術的に安定し、ユーザーによってその使用がスムーズに行われる場合である。だが現実には、どんなインフラもまずその初期の製作段階があり、それが安定的に稼働し、最後に老朽化等でさまざまな問題を起こすフェーズがある。こうしたインフラのライフサイクルを仮定すると、スターらの議論はその安定期を主に念頭においているのに対して、たとえばインフラの政治性や象徴性といったことを論じる場合はむしろその初期（たとえば新しいエネルギーシステムを確立する過程や、新規高速道路の建設といった）あるいはその末期（まさにインフラが機能低下して、可視化する）といった場合である。これらのフェーズ分けによる新たな視座は、いまや汗牛充棟状態ともいえるインフラ研究（STSに限らず）に対して、新たな視座を与えてくれるかもしれないのである[17]。

〔福島真人〕

[16] 実際自然そのものもインフラだ、といった議論すらある。Carse, A. 2012 Nature as infrastructure, *Social Studies of Science*, 42(4).

[17] インフラ美学論として論じる予定。その一端は以下を参照。Fukushima, M. 2020 Noises in the landscape, *Journal of Material Culture*, 26(1).

## 5-2 科学と規制

テクノロジーに急激な革新期と安定的な秩序化傾向があるという前節の議論からいうと、より一般に科学技術そのものの成果を享受する一方で、それがもたらしうる負の遺産をどのように適切に制限するかは、科学技術時代における大きな政治的課題である。現代社会における秩序は、この二つの視点の微妙なバランスの上に立つものであり、科学技術に対する規制はその舵取りの一役を担う。

### ■規制の意味

道路標識から、食品表示に至るまで、日常生活の文脈で、科学技術の利用はさまざまな形で**規制**による制限がみられる。さらには、ラボから法廷審議といった多様な場面で、推進と規制がアクセルとブレーキのように作用する。ただし、規制という日本語から受ける、制御、制限といったニュアンスは、英語等の regulation という言葉の別の意味をうまく表現できていない。後者は、できない範囲を設定することで、その範囲内で自由な活動を保証するという側面もある。[1] 実際ハイエク（L. Hayek）は政

[1] 公共政策は分配、規制、再分配と分けられるが、再分配というのは、政府が資金を徴収したうえで自ら事業を行うのに対して、規制は一般が事業を行い、活動は一般の主体に任されるという点である。規制という概念は制約と自由を同時に含んでいる。Lowi, T. 1964 American business, public policy, case studies and political theory, *World Politics*, 16.

府が行うべきなのは規制のみで、政府主導で何かを積極的に行うことに対しては批判的である。[2] 規制が存在することにより科学技術の成果が社会にどう組み込まれていくのか、ある程度予測可能なものになり、規制が利害関係者、ひいては市民の行動に一定の方向づけを与えるという役割を果たす。さらには、規制の存在がイノベーションの社会実装の契機となり、イノベーションを誘発するということを主張する議論もある。[3] いずれにおいても、規制は、現代社会における科学活動と切り離して考えることができない問題であり、社会の革新性と秩序のバランスをとるための主要な役割を果たしている。科学技術に対して、政府がさまざまな形で介入するという考えは、科学の初期段階のアマチュア中心の時代からみると、大きく変化し、現在では科学、産業、社会の間の複雑な関係性の中にある。[4]

## ■ビッグサイエンスと環境問題

科学の巨大化の兆しは19世紀ドイツ科学の勃興にその遠因があるが、[5] 戦後世界の科学界を主導することになる米国でも、第一次世界大戦以降、科学、軍事、産業の関係は密接なものになり、後にビッグサイエンス論という形で議論が活発に行われた。原爆開発のマンハッタン計画は、国家が莫大な予算を投下し特定の科学の振興を推進したという象徴的な事例である。マンハッタン計画を推進する過程で基礎研究と核開発という応用研究が関連づけられるようになり、そこに多くの科学研究者が動員され

[2] L・ハイエク 2007『法と立法と自由Ⅰ』春秋社

[3] Porter, M. & van der Linde, C. 1995 Toward a new conception of the environmental, *Journal of Economic Perspectives*, 9(4).

[4] たとえばカロンらは、科学を（財政的に）ささえるモデルとして、政府、企業、そして最近一部では市民、という三つを挙げている。 Callon, M. & Rabeharisoa V. 2003 Research "in the wild" and the shaping of new social identities, *Technology in Society*, 25(2).

[5] 宮下晋吉 2008『模倣から「科学大国」へ』春秋社

た。[6] その後も米国では、こうした方針が継続し、巨額の国家予算が軍事研究に割り当てられている。いわゆる「冷戦の科学」といわれる科学研究が脈々と続けられた。[7]

しかし、科学を基盤とする工業化と産業化は、特に先進国において1960年代から1970年代に環境問題やエネルギー問題を顕在化させた。カーソン（R. Carson）は、農薬の毒性、またそれらが長い間、水や土壌の中に残留することにより自然界の生物や人の健康の脅威になるという点を指摘している。[8] 日本においても有吉佐和子『複合汚染』（1975）が出版され、国内においても公害問題が広く知れ渡ることになった。[9]

その後、米国では、1970年に環境保護庁が、日本では、1967年に公害対策基本法の制定、1971年には環境庁が発足し、過度な産業化を抑制するための制度が徐々に整えられた。米国で環境保護局が導入した規制は、その当時、他の国と比較し画期的であると評されたが、[10] 環境保護局を始めとしたその他の規制当局の技術的評価や判断に対して、その後疑義が申し立てられた事例や法廷で争われた事例が報告されている。[11]

環境問題以外でも、科学者コミュニティ中心に、研究の自主的基準の必要性が訴えられている。1957年の**パグオッシュ会議**では核兵器の危険性、科学者の社会的責任が議論され、1964年ヘルシンキ宣言では、ヒトを対象とする医学研究の倫理的原則が明文化された。さらに1975年には、米国の**アシロマ会議**で遺伝子組み換え

[6] ビッグサイエンス論（科学の巨大化についての議論）はこの時代の米国科学の動向に大きく影響を受けているが、それは企業活動と科学の関係の深化とも関係する。Galison, P. & Hevly, B. eds. 1992 *Big science*, Stanford University Press.
日本では廣重の「科学の体制化」論などを参照。廣重徹 2008『近代科学再考』筑摩書房

[7] 歴史的変遷については以下を参照。上山隆大 2010『アカデミック・キャピタリズムを超えて』NTT出版
軍の科学機関DARPAについては近年出版が続いている。A. ジェイコブセン 2017『ペンタゴンの頭脳』太田出版

[8] R・カーソン 2004『沈黙の春』新潮社

[9] 有吉佐和子 1979『複合汚染』新潮社

[10] Yearley, S. 1995 The environmental challenge to

技術の危険性が議論され、作製した生物を実験室の外に出さない「封じ込め」などの安全策が提案されている。この時代は科学技術活動に対するある種の制限を模索していた時代であった。後に、この時代の議論が制度としての形を見せることになる。

### ■規制の制度化

ベック（U. Beck）は、環境汚染といった諸傾向を中心に、**リスク社会**という言い方を流行させたが、原子力などの大規模技術、化学産業、バイオテクノロジーの負の側面は、富とはまた違うやり方でさまざまな社会階層に影響を与えると彼は主張する。[12] ベックのいう**リスク**（ドイツ語で das Risiko）は汚染物質等、具体的な危険物というニュアンスが強いが、多くの分野（STSも含む）では、一般的にリスクという言葉は、発生確率がわかり、それゆえ制御可能なもの（リスク管理）という意味で使われ、発生確率がわからない**不確実性**とは対比される。[13]

発生確率がわかれば、それを管理することも可能となるため、リスク分析という分野の研究が非常に盛んになってきた。問題領域によってその進め方や力点は微妙に異なるが、リスク分析は、リスクを評価し、それを管理、コミュニケートするという手順をとる。リスク評価とは、対象の発生確率を中心に行う評価、リスク管理は、利害関係者との協議を行いつつ規制の選択肢を検討、リスク・コミュニケーションは、関係者への情報提供と意見交換を示す。[14] このリスク管理手法は、国際的標準化が進めら

science studies. In Jasanoff, S. et al. eds. *The handbook of science and technology studies*, Sage Publications.

[11] Brickmann, R. et al. 1985 *Controlling chemical*, Cornell University Press.

[12] R・ベック 1998『危険社会』法政大学出版局

[13] F・ナイト 1959『危険・不確実性および利潤』文雅堂書店。ナイトは、経済活動が利潤をもたらしうるのは不確実性からだけと断言している。

[14] CAC 2007 *Working principles for risk analysis for food safety for application by governments* (CAC/GL 63-2007).

れており、たとえば、食品安全分野の場合、コーデックス委員会のような国際規格基準設定機関が具体的な基準や科学的管理法を提示し、それらが国内法に反映される。日本でも、国際基準に連動して、2000年初めに食品衛生法の改正、食品安全基本法が制定された。

## ■リスク管理への批判

しかし、このようなリスク管理的思考については長い批判の歴史がある。ブルアのストロングプログラムに大きな影響を与えたダグラスは、リスク認識自体が関係者の所属する集団の特性によって影響を受けるという議論をしている。このことは、何をリスクとみなすかが実は文化的に規定されており、リスク評価にも文化的背景があるという点で評判になった。[15] また人びとのリスク判断や決定がもつバイアス等に関する研究も進んできた。[16] STSにおいてもリスクの定義の曖昧、何をリスクとするのかについての社会内の合意の欠如、発生確率をどう認定するのか、といったさまざまな問題が指摘されている。

他方、リスクを未然に防ぐという立場から、**予防原則**という考え方も提案されている。1992年の国連環境開発会議のリオ宣言第15原則において「環境を保護するため、予防的方策は、各国により、その能力に応じて広く適用されなければならない……完全な科学的確実性の欠如が、環境悪化を防止するための費用対効果の大きな対

[15] Douglas, M. & Wildavsky, A. 1983 *Risk and culture*, University of California Press.

[16] たとえば後に行動経済学として大発展をとげる分野では不確実な環境下での人びとの実践的リスク判断等を詳説している。Kahneman, D. et al. eds. 1982 *Judgment under uncertainty*, Cambridge University Press.

策を延期する理由として使われてならない」という考え方が示された。予防原則は、温暖化問題などの地球環境問題や生態系のリスクという問題に関連する議論が中心であるが、遺伝子組み換え作物（GMO）の規制に予防原則を適用する地域や国も存在する。たとえば、GMOの規制に関連して米国が許容的な枠組みで規制を運用しているのに対し、欧州は予防的スタンスの規制の立場を取っている。科学的確実性はないが、リスクを未然に防止しようというスタンスは、しばしば保護主義的貿易の慣行ではないかという指摘を受け、予防原則が政治問題に発展するような事例も散見される。

規制が制限と自由という二つの側面をもつのと同様、リスクという言葉もリスクを回避するという側面と同時に、革新のためにリスクを「とる」、という積極的な側面があり、われわれの社会はまさにその両面が同時並行的に存在している。第6章で詳論しているように、未来には可能性と危険が同時に存在し、また多くの事象は発生確率どころか、その存在すらわからない。[17] 規制、リスクをめぐるこの多義性は、その間に単一の解が存在しない領域であり、その決定には、われわれ自身の価値のあり方が深く根づいているのである。

〔山口富子＋福島真人〕

[17] 山口富子・福島真人（編）2019『予測がつくる社会』東京大学出版会

5-3

# エビデンスとしての科学

規制による科学の秩序化という前節の議論の一方、近年では社会の秩序化に科学が活用されることが多い。人びとの活動を規制し社会の秩序を維持するためには、その根拠が必要とされるが、その際科学が**エビデンス**（evidence, 証拠）として利用されている。STSではこうしたエビデンスとしての科学をめぐるダイナミクスが分析されてきた。

## ■エビデンスに基づく医療

患者に対して数々の意思決定が必要な医療現場において、昨今**エビデンスに基づく医療**（evidence based medicine, EBM）が治療方針の決定において主流となっている。エビデンスに基づく医療とは、1991年にカナダの医師ガイアット[1]（G. Guyatt）が提唱したものであり、エビデンス、医療者の専門的技能、患者の意向などを統合し診療を行うことを意味する。しかし、エビデンスのみが強調され、医療者の主観や経験ではなく、エビデンスに基づいて行う医療として一般的に捉えられてい

［1］Guyatt, G. 1991 Evidence-based medicine, *ACP Journal Club*, (March/April).

る。この場合エビデンスとは、定量的情報を意味し、治療法とその有効性などが統計的手法によって調査され、それに基づいて診療ガイドラインが作成され、医療現場で活用されている。[2]

ティマーマンス（S. Timmermans）とベルク（M. Berg）は、エビデンスに基づく医療を**標準化**という観点から分析している。[3] 彼らによれば、この潮流によって、さまざまな治療法が有効なものとそうではないものとに統計に基づいて弁別され、特定の疾患に対する有効な治療法が、ガイドラインとしてまとめられた。こうした診療ガイドラインに基づく治療法の標準化は世界各地で行われ、それを行った国の保健医療関係省庁や医学会、治療を受ける患者は、標準化によって効率的で客観的な治療が可能になると期待を高めたという。また治療法の標準化は、さまざまな医療機関や研究と臨床の現場などをつなぐという重要な役割を果たしていることも指摘されている。[4] さらに、エビデンスに基づく医療は他分野にも影響を与え、**エビデンスに基づく政策立案**（evidence based policy making, EBPM）として、政策に関する意思決定でも統計的データをエビデンスとし、それを重視する考え方が広まっている。[5]

### ■標準化と現実の複雑さ

こうしたエビデンス重視の流れに対し、さまざまな問題がＳＴＳ研究者により指摘されている。たとえばカーシュナー（S. Kirschner）とラチコット（W. Lachicotte）は、

[2] D・サケット他 2003『Evidence-Based MEDICINE』エルゼビア・サイエンス／斎藤清二 2016『医療におけるナラティブとエビデンス』遠見書房／Straus, S. et al. 2010 *Evidence-based medicine*, Churchill Livingstone.

[3] Timmermans, S. & Berg, M. 2003 *The gold standard*, Temple University Press.

[4] Berg, M. 1997 *Rationalizing medical work*, MIT Press. / Bourret, P. 2005 BRCA patients and clinical collectives, *Social Studies of Science*, 35(1).

[5] Bogenschneider, K. & Corbett, T. 2010 *Evidence-based policymaking*, Routledge.

エビデンスに基づく治療法の標準化に対する現場の医療者の抵抗を分析している。米国では、保険会社が診療ガイドラインを作成し、それに沿った治療が行われた時にのみ、治療費などを支払うとする場合があるという。これはガイドラインに沿った治療を現場の医師たちに強制するものとして、大きな反発を受けたという[6]。さらにカステル（P. Castel）は、フランス政府によるがん治療に関するガイドライン作成プロジェクトを分析し、現場の医師たちが、実際には国が作成したガイドライン以外の治療も行っていることを明らかにしている[7]。

福島は、ガイドラインのように人びとの行動を規定するものには、人びとにそれに沿った行動を強制する法的側面と、人びとに行動の見取り図を与える認知的側面があると指摘している[8]。福島が述べるように医療現場とは、突発的な事象が頻発する複雑なものである。そのため、診療ガイドラインとは本来、そこからの逸脱も許容した認知的側面の強いものであるが、エビデンス重視の中では法的側面が強くなり、それに対して現場からの反発が生じているといえる。

エビデンスに基づく医療に関する問題は、それに関連した要素のうち、エビデンスのみが重視されたことに由来する[9]。これに対し、エビデンスに基づく医療を補完するものとして、**語りに基づく医療**（narrative based medicine, NBM）が提唱されている。これは1998年に英国の医師かつ保健医療や医学の研究者であるグリーンハル（T. Greenhalgh）とハーウィッツ（B. Hurwitz）らが提起したものである。多数のデータ

[6] Kirschner, S. & Lachicotte, W. 2001 Managing managed care. *Culture, Medicine, and Psychiatry*, 25(4).

[7] Castel, P. 2009 What's behind a guideline?, *Social Studies of Science*, 39(5).

[8] 福島真人 2010『学習の生態学』東京大学出版会

[9] 斎藤 2016 前掲［2］

を統計的手法で解析した定量的情報であるエビデンスを重視し、すべての患者に同じ治療を行うというエビデンスに基づく医療に対し、語りに基づく医療では、患者個々人がどのように疾患を体験しているのかをその語りから理解し、医師と患者とが対話を繰り返す中で、個々の患者に見合った治療を行うことが目指されている。[10] 後者の構想には、**医療人類学**からの知見が反映されているが、[11] エビデンスとともに新たな意思決定の根拠として、語りが重視され始めている。

## ■裁判におけるエビデンス

医療同様に、意思決定の際に科学がエビデンスとして重視されている場が裁判である。環境訴訟や遺伝子組み換え生物への規制、医療過誤訴訟など、さまざまな裁判において科学がエビデンスとして活用されている。医療現場における意思決定では、エビデンスとしての科学やそれに基づく診療ガイドラインが概ね受け入れられていたのに対し、裁判ではエビデンスとしての科学そのものが議論の対象となっており、裁判におけるエビデンスのあり方がSTSで分析されている。

裁判では、実験や観察の結果や科学者の証言などが科学的エビデンスとして提出され、エビデンスが正しいかどうか、裁判での意思決定に利用してよいかどうかは主に裁判官が評価している。しかし、何を科学的エビデンスとみなすのかの定義が、時代や裁判官によって流動的に変化するものであることが指摘されている。[12] こうした裁判

[10] T・グリーンハル、B・ハーウィッツ（編）2001『ナラティブ・ベイスト・メディスン』金剛出版

[11] 患者の語りに注目したものとして、医療人類学者のクラインマン（A. Kleinman）の分析が存在する。A・クラインマン 1996『病いの語り』誠信書房

[12] S・ジャサノフ 2015『法廷に立つ科学』勁草書房／Lynch, M. et al. 2008 *Truth machine*, University of Chicago Press.

における科学の線引きの曖昧さによって、一見科学のように見えるが現場の科学者には受け入れられないもの、フーバー（P. Huber）のいうところの**ガラクタ科学**[13]（junk science）が、科学的エビデンスとして裁判で採用されていることが明らかにされている[14]。

医療現場におけるエビデンスとは統計的傾向をもつものであるのに対し、裁判におけるエビデンスとは、必ずしも統計的なものだけではなく、個別の訴訟に関連したさまざまなものを含む。そのため裁判でのエビデンスの取り扱いには、特有の問題が生じている。

## ■統計の重視と抵抗

一方で、近年では裁判で利用されるエビデンスの中でも、統計に基づいたものが重視されている。詳細は次節で述べるが、裁判の中で科学がエビデンスとして活用されるものとして、**科学鑑定**が存在する。科学鑑定には、統計的手法に基づいたＤＮＡ型鑑定や、鑑定者の経験や知識を利用して鑑定を行う足跡鑑定など、鑑定する証拠資料に応じてさまざまなものが含まれている。しかし昨今世界的に、ＤＮＡ型鑑定のような統計的手法に基づいた科学鑑定こそが「科学的」エビデンスであるとして、統計的手法をとっていない足跡鑑定などが、裁判での意思決定の際に排除されるという事態が生じている[15]。

[13] フーバーは、一見科学の装いをとっているが、因果関係に誤りがあったり、データを自分に都合よく解釈したりすることを、ガラクタ科学と呼んでいる。Huber, P. 1991 *Galileo's revenge*, Basic Books.

[14] 裁判におけるエビデンスに付随する問題解決のために、たとえばオーストラリアなどでは、コンカレント・エビデンス（concurrent evidence）と呼ばれる方式が採用されている。コンカレント・エビデンスについては、以下に詳しい。本堂毅他（編）2017『科学の不定性と社会』信山社

[15] 鈴木舞 2017『科学鑑定のエスノグラフィ』東京大学出版会

こうした統計に基づくもののみを「科学的」とみなす傾向に対しては、統計的手法をとらない鑑定分野から大きな反発が生じている。[16] 統計的手法とそれ以外の手法との対立は、他の領域でも発生しており、たとえばショスタク（S. Shostak）は、毒性学において、近年統計を利用した毒性ゲノム学という分野が誕生したことに注目している。そして、毒性ゲノム学が、統計を使用していなかった従来の毒性学からの抵抗を退け、それらを飲み込んでいく様子を分析している。[17] 昨今、統計と関係が深いゲノム科学の進展により、科学の内部でも統計的手法が重視されているが、こうした流れが、科学をエビデンスとして活用する意思決定の現場にも現れているといえる。

科学というエビデンスに基づいた意思決定は、客観的判断を導き社会秩序の維持に貢献するとして重要視されている。一方で、実際にはさまざまなエビデンスを利用して総合的な判断を下す必要があること、また多様な科学の中でも何をエビデンスとみなすのかに関して、意思決定を行う現場では複雑なダイナミクスが発生している。

〔鈴木舞〕

[16] Berger, C. et al. 2011 Evidence evaluation, *Science & Justice*, 51(2).

[17] Shostak, S. 2005 The emergence of toxicogenomics, *Social Studies of Science*, 35(3).

## 5-4 犯罪と科学

社会が安定的に存続するためには、その秩序を維持する必要があるが、一方で秩序からの逸脱はどの社会でも生じている。逸脱の中でも、法が処罰の対象と定めたものは犯罪とされ、社会科学の伝統的研究対象である。こうした犯罪を「客観的に立証し、解決」するために古くから科学が動員されてきたという点で、犯罪はまたSTSの重要な研究対象でもある。犯罪と科学に関する研究の中で、特に科学鑑定に関するSTS研究は、科学と他領域（法や公衆）との接点で生じる実務的課題を扱うことから、重要な知見を提出してきた。

### ■ブラックボックスを開ける

犯罪と科学との歴史は長い。犯罪者に特有の生物学的特徴を見出だそうとする試みは古くから行われ、それらは**犯罪人類学**や**犯罪生物学**として結実し、犯罪者の顔や体形の特徴が類型化された。こうした犯罪人類学や犯罪生物学に対し、近年実務でも重視されているのが、19世紀の近代科学の成立の中で誕生した**科学鑑定**である。[1] 犯

［1］科学鑑定の歴史については、以下に詳しい。R・オールティック 1988『ヴィクトリア朝の緋色の研究』国書刊行会／N・マクレリー 2014『世界が驚いた科学捜査事件簿』河出書房新社／E・ワグナー 2009『シャーロック・ホームズの科学捜査を読む』河出書房新社

罪現場や犯罪の関係者から採取されたさまざまな生物資料や物的資料を科学的に分析し、資料が何か、またそれが誰のものかなどを明らかにし、犯罪解決に貢献するのが科学鑑定である。

科学鑑定は科学の理論や方法に基づいて実施されるが、科学鑑定の結果は犯罪捜査や裁判という法の枠組みの中で利用される。そのため科学鑑定とはそれ自体が科学と法という異なる認識枠組みをもつものと密接に関連した特殊なものであり、科学と社会との関係性を考察するSTSの研究対象として重視されている。鑑定する証拠資料に応じて、科学鑑定には微細物鑑定や足跡鑑定、銃器鑑定などの多様な鑑定分野が存在しているが、科学鑑定に関するSTS研究は、人びとからの関心が高いDNA型鑑定に焦点化して行われてきた。

米国の犯罪史上、非常に多くの注目を浴び、物議を醸した事件の一つであるO・J・シンプソン事件の刑事裁判が1995年に終了すると、そこでの科学鑑定の取扱いをめぐり、STS研究の有力雑誌である *Social Studies of Science* 誌で1998年に特集が組まれた。[2] シンプソンが元妻とその友人を殺害したとされたこの事件の裁判でSTS研究者の注目を集めたのが、DNA型鑑定の裁判での取り扱いであった。この特集の中でリンチは、この裁判では、検察側が実在論の立場をとりDNA型鑑定の科学的正当性を擁護したのに対し、弁護側がとった立場は**社会構築主義**的であり、弁護側はDNA型鑑定の状況依存性やDNA型鑑定に関して科学者間で論争が続いてお

[2] Lynch, M. & Jasanoff, S. 1998 Contested identities, *Social Studies of Science*, 28(5–6).

り、その信頼性が確立されていないことを指摘したと分析している。[3] またジャサノフ（S. Jasanoff）は、裁判とはそこに参加する多様な人々の視点が交錯する場であり、そこでは専門家としての科学者の視点が特権化されているわけではないと主張する。そして、裁判でさまざまな視点からDNA型鑑定が吟味され、その信頼性が揺り動かされていく様子を明らかにしている。[4]

こうした研究は、裁判をそこでの議論を通して科学鑑定という**ブラックボックス**[5]が開かれる場とみなすものであり、その後もさまざまな論争の分析を通して、科学鑑定をめぐる多様な相互交渉の様子が考察されている。

### ■DNA型データベースという知識インフラ

また科学鑑定に関する**知識インフラ**に注目した研究も進んでいる。1990年代後半になるとDNA型鑑定をさらに活用するために、人びとのDNA型を収集した**データベース**が世界的に構築される。情報科学の進展の中でデータベースに関するSTS研究が活発に行われ、知識インフラとしてその不可視性や価値振動などの特徴が分析されている。

そこに登録されたDNA型のデータを活用し、犯罪解決に貢献するDNA型データベースはまさに知識インフラであるが、それが究極の個人情報とよばれるDNAを取り扱い、またデータベースから得られた情報が犯罪捜査や裁判で利用されるために、

[3] Lynch, M. 1998 The Discursive production of uncertainty, *Social Studies of Science*, 28(5–6).

[4] Jasanoff, S. 1998 The eye of everyman, *Social Studies of Science*, 28(5–6).

[5] 科学的知が生み出されるまでには、人やモノの複雑な相互作用が存在するが、いったん科学的知が確立すると、そうした相互作用は忘れ去られてしまうことを、科学的知のブラックボックス化という。B・ラトゥール 1999『科学が作られているとき』産業図書

関係者を悩ませるさまざまな問題が発生している。たとえば1995年に世界で初めて英国でDNA型データベースが作成されたが、その際DNA型鑑定の手法や大量のデータを貯蔵するためのITテクノロジー、データベース構築に関する政策やデータベースの利用を規定する法といった、さまざまな要素を調整する必要が生じた。さらにデータベース構築後も、集められた膨大なサンプルを保存するのか破棄するのか、データベース管理者や利用者の説明責任など、その維持に付随した課題が山積していることが指摘されている。[6] また、DNA型データベースは世界各地で作成され、国際犯罪などに対応するために各国のデータベースをまとめる動きも存在しているが、国ごとに異なる基準で収集されたデータをいかに統合するのかは大きな問題とされている。[7]

### ■公衆の科学鑑定理解

科学鑑定は犯罪捜査や裁判に実際にかかわる人びとのみならず、一般の人びとからも高い関心を獲得しており、**公衆の科学理解**[8]の枠組みからも分析が行われている。科学鑑定の中でもDNA型鑑定は、その結果が数値で表されることが多いが、裁判の検討を通して、裁判官や検察官、陪審員などがDNA型鑑定結果の意味するところを正確に理解できておらず、裁判の中でそれを誤って利用している様子が明らかにされている。[9] またグレース（V. Grace）らは、DNA型鑑定に対する信頼度について、鑑定

[6] Johnson, P. et al. 2003 Genetics and forensics, *Science Studies*, 16(2). / Williams, R. & Johnson, P. 2008 *Genetic policing*, Willan Publishing.

[7] Hindmarsh, R. & Prainsack, B. eds. 2010 *Genetic suspects*, Cambridge University Press. / Williams & Johnson 2008 前掲[6]

[8] 本書6－3、7－1参照

[9] Lynch, M. et al. 2008 *Truth machine*, University of Chicago Press. / Lynch M. & McNally, R. 1999 Science, common sense and common law, *Social Epistemology*, 13(2).

を行う科学者はＤＮＡ型鑑定の限界を理解しているために信頼度が低く、警察官や検察官は信頼度が高く、その中間に一般の人びとがいるとし、ＤＮＡ型鑑定への人びとの理解の多様性を指摘している。[10]

さらに一般の人びとが科学鑑定に触れる媒体として、ポップカルチャーに注目した分析も行われている。科学鑑定については、古くからそれに関する多数の小説やテレビ番組が存在している。科学がいかに表象されるのかは、ＳＴＳにおける重要な研究対象だが、小説やテレビ番組などのポップカルチャーでの科学鑑定の表象のされ方が、科学鑑定に関する人びとの理解に影響を及ぼしていることが指摘されている。たとえば米国では、科学鑑定を題材としたテレビドラマである、「CSI: Crime Scene Investigation」が人気を博している。このドラマにおいては、科学鑑定が万能のものとして、実際とは異なる形で描写されているが、それを視聴した陪審員が科学鑑定を過度に重視し、科学鑑定が裁判で証拠として提出されると有罪判決を、提出されない場合は無罪判決を下す傾向があるという。[11] こうした科学鑑定の理解へのテレビドラマの影響は、**ＣＳＩ効果**（CSI effect）とよばれ、その具体的内容の検討が進む一方で、[12] ＣＳＩ効果は現実には存在しないのではないかという主張もなされている。[13]

## ■科学鑑定研究の新展開

１９９０年代に始まった科学鑑定に関するＳＴＳ研究は、社会的関心の高いＤＮＡ

[10] Grace, V. et al. 2011 *Forensic DNA evidence on trial*, Emergent Publications.

[11] 司法研修所（編）2013『科学的証拠とこれを用いた裁判の在り方』法曹会

[12] Byers, M. & Johnson, V. eds. 2009 *The CSI effect*, Lexington Books.

[13] Shelton, D. et al. 2006 A study of juror expectations and demands concerning scientific evidence, *Vanderbilt Journal of Entertainment & Technology Law*, 9(2).

型鑑定や裁判に着目した研究を中心に発展してきた。しかし昨今、ＤＮＡ型鑑定以外の鑑定分野や裁判以外の文脈での科学鑑定を分析し、科学鑑定の全体像を把握しようとする研究も実施されている。[14] たとえば、スウェーデンにおいてクルーセ（C. Kruse）は科学鑑定を行うラボラトリーや検察での調査を通して、科学鑑定が行われ利用される現場の分析を行っている。[15]

また鈴木は、ニュージーランドで科学鑑定を実施するラボラトリーでの長期間のフィールドワークを通して、科学鑑定の多様性や科学鑑定にかかわる要素の複雑なダイナミクスを明らかにしている。科学鑑定はＤＮＡ型鑑定のみならずさまざまな鑑定分野を含んでいるが、それらが各々もっている**認識的文化**[16]（epistemic cultures）の違いを乗り越えながらいかに協働しているのか、また**期待の社会学**[17]の観点から、国ごとの科学鑑定への期待のあり方の違いが、科学鑑定それ自体の違いとどのように結びついているのかが解明されている。[18]

犯罪によって破られた秩序を回復するための科学実践である科学鑑定は、犯罪という現象の社会的インパクトの大きさゆえに、社会とさまざまな接点をもっている。こうした犯罪に関連した科学の分析を通して、ＳＴＳの主眼である科学と社会について、より複雑な関係性が明らかにされつつある。

〔鈴木舞〕

[14] 指紋鑑定とＤＮＡ型鑑定との関係については、以下に詳しい。Cole, S. 2001 *Suspect identities*, Harvard University Press. / Lynch et al. 2008 前掲［9］

[15] Kruse, C. 2015 *The social life of forensic evidence*, University of California Press.

[16] クノール＝セティナによって提起された、各科学分野独自のデータの分析方法や解釈方法、組織構造などのこと。Knorr-Cetina, K. 1999 *Epistemic cultures*, Harvard University Press.

[17] 本書６－１参照

[18] 鈴木舞 2017『科学鑑定のエスノグラフィ』東京大学出版会／鈴木舞 2019「未来をつくる法システム」山口富子・福島真人（編）『予測がつくる社会』東京大学出版会

## コラム7　農業バイオという研究トピック

山口富子

2000年代の前半に筆者が所属していた米国の大学院は、農業バイオの研究が盛んな大学だった。米国農務省の研究費による技術移転のみならず、世界銀行や国際開発庁の資金による発展途上国への技術移転プログラムなどが多数存在した。また、農業バイオの実験系の研究のみならず、農業社会学、農業経済学といった社会科学系のプログラムの規模も大きく、多くの研究者を巻き込む形で学際研究が展開していた。ちょうど、筆者が学位論文のための研究計画書を準備していた時、キャンパスに爆弾が仕掛けられバイオテクノロジーのラボが火災焼失するという事件が起きた。クリスマスイブというタイミングであったことからキャンパスにいる人は少なく、幸い死傷者は出なかったものの多くの貴重な資料が焼失し、途上国への遺伝子組み換え技術の移転を担う研究所の所長は大学を辞めた。

その出来事が大学コミュニティに大きな影響を与えたのは言うまでもないが、筆者の研究生活にも少なからず影響を及ぼした。折しも農業バイオに反対する社会運動が世界規模で起こっていた時代であり、農業バイオ研究のメッカがその運動の標的になってもおかしくない。しかし、このようなラディカルな事件が身近に起きるとは予想していなかった。大学コミュニティのショックは言うまでもないが、筆者の頭からも、なぜそんなことが起きるのかという疑問が頭から離れなくなった。その後、農業バイオに関連する社会運動が激しかったインドをフィールドとして選び、農村で1年間住むことになった。インドでは、偶然にも農業バイオによる「遺伝子革命（Gene Revolution）」を切望する綿の生産者に出会った。インドはかつて、深刻な食糧不足という問題を抱えていたが、1960年代後半にいわゆる「緑の革命（Green Revolution）」が起こり、1970年代前半には穀物の自給が達成された。筆者が滞在した地域は、その折、高収量品種や化学肥料を積極的に取り入れ、緑の革命の恩恵を受けた地域だった。

農業バイオは偶然出会ったトピックではあるが、偶発的な出来事の連鎖が、研究の対象を凝集させてくれた。偶発的な出来事の連鎖に身を任せるというのは、体系的に物事を理解するという社会科学の作法からするといささか心もとない印象を与えるかもしれないが、そうした態度がおよそ自分とは関係がないと思っていたトピックとの出会いを作ってくれるのである。

## コラム8　合成生物学ＥＬＳＩの巨波の後で

日比野愛子

ＳＴＳとは、科学をめぐって生じる倫理的・法的・社会的課題（ＥＬＳＩ）を扱うものだと見る誤解もあるようだ。確かにＥＬＳＩの取り組みには期待が高まっている。他方テクノロジーに向けられる期待がそうであるように、ＥＬＳＩへの過度の期待は現場の研究者に疲弊をもたらしてしまう。この件、英国の先進事例から紹介してみたい。

近年では、イノベーションが生じるその場での介入に重点をおいた活動が提案されている。いわゆる「責任あるイノベーション」だ。これらの考え方はポストＥＬＳＩと称され進行中の科学の評価や予測を重要視する活動が盛んになっている。たとえば自然科学者と社会科学者が一緒にロードマップを作成する活動などがその典型例だろう。

２０１０年代から英国で始まった巨大な合成生物学ＥＬＳＩプロジェクトも、合成生物学の産業化を大きな目的とし、協働を理念に掲げたものであった。関与したＳＴＳ研究者らも多かったがそのときの苦労をネタに論文が書けるほどであったようだ。たとえば、科学者、産業界による学際プロジェクトの一員としてエスノグラフィーをまとめたバルマーら[1]は、著作の中で、社会科学者の役割を振り返っている。社会科学者は、「公衆の代表者」にもなるし、「（自然科学者と）知識を共に生産する協力者」にもなる。「トロフィーワイフ」（自慢の美人の奥さんの意味）にもなるし、さらには「預言者」「内部の批判者」「トリックスター」などの役割もある。要は、こうしたさまざまな役割を同時に、かつ過剰に求められることが、大変だというぼやきにつながるのだろう。２０１９年の国際科学技術社会論大会で、筆者がたまたまのぞいた英国系研究者のＥＬＳＩセッションは、いかにえらい目にあったかのぼやきのオンパレードであった（「何万人もの倫理教育をしろと要請がきたが、ありえない！」という叫びなど）。

とはいえ、彼らの著作を、合成生物学実験室の参与観察を行い発表した米国のエスノグラフィー（こちらはＥＬＳＩにはタッチしていない）と読み比べると、ぼやきが入った作品の方がリアルで示唆に富むという側面もある。学術的に科学のダイナミズムを解明するにせよ、ＥＬＳＩ課題を追及するにせよ、「ＥＬＳＩ」がどのような機能を果たしているかをクリティークするにせよ、少しは巨大な波にもまれる必要があるのかもしれない。

［1］Balmer, A. et al. 2016 *Synthetic biology*, Palgrave Macmillan.

# 第6章 未来

科学技術がもつ新しさへの指向性は、常に未だみぬものを夢想し、それを実現しようとする力と密接にかかわっている。それらは言説やイメージとして「未だあらぬもの」を作り出し、それが社会の構成要素となる。他方それら言説はときによって実現せず、歴史の闇に埋もれる場合もある。この章はこうした未来のダイナミズムを解説する。

# 6-1 期待

科学技術と社会の関係のあり方に作用する社会的なダイナミズムを理解する一つのキーワードとして**期待**（expectation）という概念がある。期待という言葉は日常的に使われるが、政策議論では特定の科学研究や技術開発への期待、あるいはこの研究を行えばこのような研究成果が期待できるという形で語られることが多く、そこには未来への視点が関与する。本節ではこの概念を中心に解説する。

## ■期待の社会学

科学技術が常に新たな側面を切り開くという過程的な存在であるとすれば、それは常に未来に向けての動因を必要とする。この点に着目し、科学技術に対する未来型の言説の役割を分析するのが、**期待の社会学**（sociology of expectation）である。ボルップ（M. Borup）らは、期待を、これからの科学、あるいは開発途中の技術についての、現在の表象と定義する。[1] つまり、科学技術の未来がいまどのように表象されているのかという点が問題意識の中心にあり、未来への志向性をもつ期待が現在の社会に

［1］Borup, M. et al. 2006 The sociology of expectations in science and technology, *Technology Analysis & Strategic Management*, 18(3-4).

どのように作用するのかという点に関心をもつ。期待の社会学における表象とは、未来の車やロボットのイメージのようなもののみならず、新聞や政策文書といったテキストに表れるもの、さらには気候、経済の予測モデルやグラフや指標など、さまざまな形態の事柄も含まれる。[2]

期待の社会学は、技術の社会的構築論の流れの一部として、1990年代後半から多くの蓄積がみられ、その後イノベーション研究等とも関係しつつ、いまもなお活発に研究が行われている。国内の科学技術に関連する期待の研究は、細い糸のように紡がれているような状態であるが、**予測**（forecasting）、**ビジョン**（visions）、**希望**（hope）、さらには**イメージ**（imaginary）という概念と緩く関連づけられながら、同様の問題意識をもつ社会科学研究が蓄積しつつある。科学技術を研究の対象とする期待の社会学は、英国やオランダの研究者らの貢献によるところが大きい。科学技術についての、未来の語りのさまざまな相貌、たとえば過去において表象された未来と現在の関係等の話は、ブラウン（N. Brown）らの編著に詳しい。[3] 他方、オランダ流のテクノロジー研究の流れから、それをより狭い範囲でのテクノロジー開発、およびテクノロジー政策への過程として明確に定式化し、その後の研究動向に主導的な役割を果たしてきたのは、ファンレンテ（H. van Lente）の博士論文である。[4]

他方、北米の研究者らは、マルクス主義等も参考にしつつ、主にバイオ系の研究の文脈で、**約束**（promise）という概念を用いて、似たようなアプローチを試みている。

[2] van Lente, H. 1993 *Promising technology*, PhD Thesis, Universiteit Twente.

[3] Brown, N. et al. 2000 *Contested futures*, Routledge. このグループの中からは、マイケル（M. Michael）のように、ユーザー論やホワイトヘッド社会学のような分野にまで、その視点を関連づけている人もいる。

[4] 福島真人 2017「実験室を観察する」『真理の工場』東京大学出版会

たとえば、ラジャン（K. Rajan）は、**生－資本**（biocapital）という概念を通し、バイオテクノロジーによって約束された未来という言説が、資本主義的イデオロギーに根ざす社会のあり方を正当化したと論ずる。[5] またフォートゥン（M. Fortun）は、アイスランドのゲノム研究をベースに、そこでの約束の働きを企業、社会構造、政治体制と絡めて記述している。[6] バイオ関係でいうと、本邦では、戦後最大のバイオ研究プロジェクトであるタンパク3000（タンパク質の構造解析を高速度で行うという計画で構造ゲノム研究とよばれている）について、それが数値目標を達成したのに多くの批判にさらされたのはなぜか、という観点から、福島はそれを期待のダイナミズムの一つの副作用として詳細に分析している。[7]

また、似たような論点から未来像をより広い文化的文脈で使われるイメージに拡大した**社会技術的イメージ**（sociotechnical imaginary）もある。[8] このように、科学技術に関する未来への視点は、期待、約束、社会技術的イメージなどさまざまなレンズを通して研究されてきた。これらに共通する点として、科学技術の進展の軌跡と未来へのまなざしは不可分なものであるということ、また科学技術の進展にはそれらを覆う空気のような存在として、期待、約束、イメージが存在するという点を強調しておきたい。

［5］K・ラジャン 2006『バイオ・キャピタル』青土社

［6］Fortun, M. 2008 *Promising genomics*, University of California Press.

［7］福島 2017 前掲［4］

［8］本書6－3参照

■ハイプ（熱狂）サイクル

期待が科学技術と相互的な作用をもつということを実感するのは、科学や技術のブレークスルーにより、それらに対する期待が高まり、社会にハイプとよばれる熱狂的な状態が訪れるときである。期待社会学のアカデミックな議論の文脈をこえて、特に実業界や政策関係者に大きな影響があるのは、**ハイプサイクル**という概念である。

この概念は、ガートナー社という国際的に影響力のあるコンサルティング会社が自社の技術にかかわる経営や投資のタイミングを判断するためのモデルとして提案したものである。この図式によると、テクノロジー開発の初期は、ある種の熱狂が生まれやすく、それによって注目を浴び資金も確保しやすい。しかし開発が過度な期待に応えられず、思ったように開発が進まないと、急激な失望が訪れることになる。その後はどうやってそうした失望から回復し、安定を取り戻すかが焦点となる。医療から食品にいたる日本の生命科学研究や先端バイオテクノロジー開発の軌跡をたどると、研究開発の早い段階で実際ハイプが生じる傾向にある。しかし、その後、さまざまな制約により、期待が失望に転ずるということが繰り返されてきた。このような現象は、期待により生じるハイプに加え、期待の高まりを制約する要因を繙くことが問題の本質に近づくための論点となりうることが示唆される[9]。

［9］Borup et al. 2006 前掲［1］

## ■言説としての社会

期待の社会学から科学技術と社会の関係の諸変化を捉える場合、とりわけ重要なのは、こうした期待や約束はある種の**言説**（discourse）であり、それがもつ**行為遂行性**（performativity）という視点である。[10] これは、言語哲学者のオースティン（J. Austin）が言語行為論の中で述べた概念から発展したものである。[11] オースティンは、言葉はただ単に事実を伝えるだけではなく、言葉を語ることそのものが、行為であると述べている。「このようなことが二度と起こらないと約束します」、あるいは「あまり食べ過ぎないことをお勧めします」といった語りは、状態の描写ではなく、私があるいは誰かがこれからやろうとしていることを約束、宣言するものであると述べた。

前述した北米の議論は、最初からオースティンに依存しているが、期待の社会学でいう期待も、原則的には言説としての構造を前提としている。たとえば、一般的に**技術ロードマップ**は、プロジェクトなどの目標に向かって事業や研究を進めるための展望と理解されるが、期待の社会学は、ロードマップは関係者の調整という行為に作用するという点に着目する。[12] 政策目標や研究目標が、ロードマップ上でより具体性をもった達成目標や事業や研究の実施手順や手続きに翻訳され、関係者の調整が行われる。ロードマップ上で間もなく技術が実用化する見込みが示されていれば、規制の枠組みを議論するための専門家委員会が設置され、事業者は、市場を確保するための活動を行うなど、状況を先取りする動きが起こる。逆に制度が整えなければ対応が

[10] 福島 2017 前掲［4］。期待社会学側は、こうした単純な図式には批判的であるが、この図式の影響力もあって、それを精査する方向での議論が多い。データサイエンスのハイプについては以下を参照。福島真人 2020「データの多様な相貌」『現代思想』48(12).

[11] 本書3-2でもこのパフォーマティビティに近い概念が使われるが、これはむしろモノがもつ独自のエージェンシーという文脈で使われており、オースティン的な言語論とは異なる文脈である。期待社会学は明確に言説の働きに着目している。

[12] J・オースティン 1978『言語と行為』大修館書店

遅いという社会的な批判が起こり、またいち早く他社の動向を捉え市場に参入しなければ、市場競争に負ける。非常に速いペースで進展する科学技術を横目に、状況の先取りをすることこそが大切であるという空気が漂う。他方、ロードマップを作った側から見れば、ロードマップ上に記された事柄が根拠となり、それが科学技術の発展のスピードを加速させる。[13] この間に、事業や研究課題に対する予算配分や研究開発拠点の設置、人材の配置が行われ、社会に実態のある変化をもたらす。また、産業振興のための政策や規制づくりも進められる。[14]

期待というキーワードを通して眺めると、これまでとは異なる科学技術と社会の関係性が見えてくる。科学技術というモノを研究の対象とする場合でも、誰かの語りが現実を作るというダイナミズムを無視することはできないのである。[15]

（山口富子＋福島真人）

[13] Groves, C. & Tutton, R. 2013 Walking the tightrope, *BioSocieties* 8(2).

[14] Hedgecoe, A. & Martin, P. 2003 The drugs don't work, *Social Studies of Science*, 33(3).

[15] 山口富子・福島真人（編）2020『予測がつくる社会』はまさに言説としての予測についての論集である。

## 6-2 モデル

気候変動や、感染症の拡大、経済の動向予測にいたるまで、私たちの社会には未来にかかわるさまざまな予測が満ちあふれている。予測に基づく政治的判断はその後の人びとの生死や経済活動に重大な影響を及ぼすため、予測を導き出すモデルは注目を集め、政治的な論争にもさらされやすい。この一連の過程こそがＳＴＳの重要な研究対象となってくる。

### ■モデルとは？

科学で用いられるモデルにはさまざまなものがある。[1] このうち、理論科学から大きな関心が注がれ、未来の構成というテーマにも深く関与していることから、本節では**数理モデル**（方程式によって記述される数学的なモデル）を中心に議論する。

科学実践を広く眺めてみれば、モデル（以下数理モデルのこと）はユニークな位置にある。それは実験ではないが、具体的な数字を入れて計算するという意味で理論そのものというわけでもない。それゆえ、理論／実験、具体／抽象といった二分法に

[1] モデルという言葉には、この数理モデル以外にも、たとえば模型といった意味もある。科学的実践においてこうした模型がもつ認識論的な重要性については、Klein, U. 2002 *Experiments, models, paper tools*, Stanford University Press.

うまく当てはまらない面がある。科学を観察する研究者（哲学や歴史分野の）にとって、モデルは長らく、（自然科学における）理論をただ数値的に操作可能にする代替物だと軽視されてきた。こうした理論信仰がうすれ、STSを含めた研究者の間で、モデル独自の特徴が議論されてきた。その一つが**調整機能**である。モデルは、理論のように抽象化に特化するわけではなく、実験のように具体事象を扱うわけでもない。両者を調整し、実用に向けて何かしらの結果を出すのがその役割である。理論のアナロジーとしてモデルを理解することから出発しつつ、理論とは異なるモデルの固有性があるという認識が広まりつつある。[2]

なおSTSではモデルと**コンピューターシミュレーション**を厳密には区別しないことが多い。シスモンド（S. Sismondo）によれば、両者をあえて分けるならば、一方にシンプルで象徴的なモデルがあり、他方に、複雑で多様なモデルを内包し計算／操作を可能にするコンピューターシステムとしてのシミュレーションをおくことができる。[3] また、シミュレーションの中核には必ず何らかのモデルが設定されている。ただしモデルとシミュレーションは連続的な存在であり、理論とデータの中間的存在という観点でみれば両者にはむしろ類似性が目立つ。本節でもモデルとシミュレーションの区分には注意を払わず、両者をまとめて記述を進めている。

[2] M・ワイスバーグ 2017『科学とモデル』名古屋大学出版会

[3] Sismondo, S. 1999 Models, simulations, and their objects, *Science in Context*, 12(2).

■理論との交渉

自然科学でモデルが適用されてきた対象は、伝統的な実験が不可能であり、大きな複雑性が伴なう対象、たとえば銀河の形成や、気候変動などである。モデルを用いる実践では、その計算量が膨大になってしまうこと（計算量爆発）を防ぐために、何を一定（パラメータ）とするかを定める作業が必要となるが、その過程を明示的にルール化するのは難しい。またこうしたモデルによるアプローチが、以前の自然科学に対して、比較的新しいものであったために、科学の分野でも、あるいは応用実務の分野でも、他者に対してモデルの正当性を説得する必要があった。

モデルの正当性を説得する作業は、まず科学者共同体の内部で必要となる。スンドベリ（M. Sundberg）は、天文物理学の領域でモデルが妥当性と信頼性を獲得していくための戦略を明らかにしている。[4] たとえば、モデルを用いる研究者集団はどの他集団と対峙するかに応じて異なる正当化戦略を使い分けていた。観察データが得られやすい他分野が相手の場合、シミュレーションの結果と観察データとの整合性に言及することで、ようやく正当性を担保できる。他方、近い分野の同業者であれば、モデルの正当性は、異なる計算シミュレーションの追試のみで確保できる。この議論で興味深いのは、何が研究にとって「リアル」であるかの理解が、モデル研究者と実験研究者の間で異なるという指摘である。

［4］Sundberg, M. 2012 Creating convincing simulations in astrophysics, *Science, Technology, & Human Values*, 37(1).

## ■モデルの不思議なふるまい

気象や感染症などの領域では、モデルは未来にかかわる意思決定に有益な情報を与えるツールとして期待を集める。ではこうしたモデルの正しさはどのように担保されるのだろうか。科学者の中だけであれば、シミュレーションを行い、過去の実際の歴史データ等とどれだけ適合しているかを調べることなどでモデルの善し悪しは判断可能である。複数のモデル間の優劣を検証することもできる。しかし、多様な利害関係者を巻き込む政策場面において、モデルのよさは、科学場面のそれと異なってくる。関連して、複数のモデルが登場したときの統合のあり方も政策と科学場面では異なるのである。

ＳＴＳでモデルを扱った研究はまだ少ないが、気象学モデルについては例外的に多くの研究が蓄積されてきた[5]。これは、気候変動をめぐって国際的な政治駆け引きが盛んである現況ともちろん無関係ではない。ＳＴＳは、モデルが未来の気候（具体的には地球温暖化等）の知見を生産する過程を明らかにする。ただし、こうしたＳＴＳの営みは、政治上非常にデリケートな領域に踏み込むことでもある。特定のモデルが妥当か否か、科学者共同体の中ですら激しく議論される状況にあっては、ＳＴＳの研究発信それ自体もモデルに対する疑義となり、政治的メッセージを発するためである。

ここで気候変動問題の中心となってきたモデルとは、具体的には大気循環モデルである[6]。大気循環モデルは、地表上の大気をグリッドに分け、グリッドの中に気温など

[5] Edwards, P. 1999 Global climate science, uncertainty and politics, *Science as Culture*, 8(4).

[6] Global circulation model. 近年では、全球気候モデル（global climate model）と総称される。

の変数を含む方程式を設定したうえで、[7] 大気全体の状態がどのように変化するかのシミュレーションを行う。誕生当初の大気循環モデルは現象を理解するために発達してきたが、近年では、より複雑なモデルをもとに精度の高い予測を行うものに変化してきた。

ＳＴＳの論点の一つは、モデルの**不確実性**（uncertainty）である。複数のモデルに基づく未来予測では、予測値が決定的な一つの値をとることはなく、値は幅をもって表現される。この幅が、科学者集団の外から見られた場合、専門家の地位を危うくさせる側面がある。しかしシャクリー（S. Shackley）とウィン（B. Wynne）は、大気循環モデルの事例研究をもとに、予測値の不確実性が、科学と政策との境界において対処されていく方略を明らかにし、[8] 不確実性がそれを解くための新たな知的活動を生み出し専門家の権威を強化させる点を指摘している。[9]

論点の第二は、モデルの、政策的ツールとしての評価である。上記の大気循環モデルは、気候変動問題を検討するうえで主流になっており、政策決定者や経済界にも普及している。もちろん、大気循環モデルは、より現実的に現在の気候システムを表現できる点で（科学コミュニティの中で）信頼性をもつ。他方で、政策にとってのこのモデルのよさは、温室効果ガスの影響過程という政治的に重要な観点を組み込むことができる、つまり多元的な評価軸を含め調整ができる、といった点にもあった。この事例で、シャクリーらは科学実践と政策的管理が相互に強化しあうサイクルを指摘す

[7] グリッドとは、空間をセル（等間隔の縦横の線で区切られた一つひとつのマス目）に分割した図形のことである。

[8] Shackley, S. & Wynne, B. 1996 Representing uncertainty in global climate change science and policy, *Science, Technology, & Human Values*, 21(3).

[9] 数値と専門家の議論については、下記も参照。T・ポーター 2013『数値と客観性』みすず書房

る。[10]

第三は、複数の予測が存在する場合の「正しさ」の構築である。ファンデルスルイス（J. van der Sluijs）らは、気象科学の進展にもかかわらず、20年近く温暖化の予測（気温上昇の推定値）が1.5〜4.5℃の幅のまま米国科学アカデミー報告で固定されていたケースを分析する。[11] この数値の設定には、科学者・研究機関からの複数の予測報告が反映されるだけではなく、気候変動にかかわる多様な社会集団を統合するための対応が含まれていた。気候変動以外にも、感染症課題など社会的要素が多くかかわる領域では、そもそもモデルを立てる研究者の問題関心や視点に応じて複数のモデルが登場しやすい。しかし政策決定場面では、複数のモデルは排他的に競合するのではなく、共存することもあるのだ。[12]

未来の予測においては、モデルやシミュレーションが鍵を握る。理論や実験とは異なる第三の実践ともよばれるモデルであるが、その独特のふるまいや、認識の特有性については、近年検討が始まったばかりである。感染症予測が喫緊の社会課題となった現在、モデルのＳＴＳはさらに新たな展開を迎えるだろう。

〔日比野愛子〕

[10] Shackley, S. et al. 1998 Uncertainty, complexity and concepts of good science in climate change modelling, *Climatic Change*, 38(2).

[11] van der Sluijs, J. et al. 1998 Anchoring devices in science for policy, *Social Studies of Science*, 28(2).

[12] 日比野愛子 2019「感染症シミュレーションにみるモデルの生態学」山口富子・福島真人（編）『予測がつくる社会』東京大学出版会

6-3

# イメージ

未来についての集合的なイメージは新しいテクノロジーの形成を促していく。この集合的なイメージは、科学を取り巻く政策や世論、メディアや（サブ）カルチャーなどさまざまな領域の動きと連動している。[1] 本節で紹介するのは、こうしたイメージによる未来の構成を追求するSTSの研究群である。大きくは、**イメージ**（imaginary）と、**社会的表象**（social representation）の研究がこれまで蓄積されてきた。また近年ではSFと科学との関係性も興味深いテーマとして注目され始めている。

## ■イメージの社会性

国家や、近代社会など、われわれがその対象を所与の前提とし、土台としている存在がどのようなメカニズムによって構築されているかは、長く社会科学一般や歴史学の中心的な問いであった。[2] こうした社会・政治理論の系譜を受け継ぎ、ジャサノフの**社会技術的イメージ**論は、**期待の社会学**の後追いという性格ももちつつ、STSにイメージという対象への関心を持ち込む。社会技術的イメージとは、「集合的に保持

[1] 山口富子・日比野愛子 2009『萌芽する科学技術』京都大学学術出版会。ほか、STSのイメージ研究の広がりについては下記の文献が参考になる。McNeil, M. et al. 2016 Conceptualizing imaginaries of science, technology, and society. In Felt, U. et al. eds. *The handbook of science and technology studies*, MIT Press.

[2] B・アンダーソン 1997『想像の共同体』NTT出版

され、制度を通じて安定化され、公衆を通じて遂行される」イメージのことである。[3] 社会技術的イメージは、科学と社会の循環的な関係性の中におかれている。社会的秩序が科学技術の進歩を可能とし、そしてその科学技術の進歩によって社会的秩序が達成される。こうした循環の中で、未来に向けた投機的な視線を促すのがイメージの役目である。この概念は物質的存在のネットワークに注視しがちなＳＴＳに対して、政治的な力への（再）注目をよびかけている側面ももつ。

社会技術的イメージは、とりわけ国家的な科学政策の軌跡を説明する際に威力を発揮する。ジャサノフとキム（S. Kim）は、米国と韓国の原子力政策を比較し、米国で掲げられたビジョンが「潜在的には暴走するテクノロジーを、責任をもって効果的に封じ込める、制御者としての米国」であったのに対し、韓国のそれは「（国家）発展のための原子」であったことを明らかにしている。[4] この研究例からもわかるように、社会技術的イメージは、「これから来るべきよき社会」と必ず紐づけられる。ほかにも英国とスペインで幹細胞バンクが制度化される際の「公衆」イメージの構成など、[5] 社会技術的イメージのアプローチを採用する幅広い研究が登場している。

社会技術的イメージのほか、ＳＴＳには、科学者コミュニティが未来へのイメージを駆使する戦略などを扱ったラボラトリー研究もある。また、ハラウェイの影響を受けた研究者たちは生命医学のイメージを検討してきた。生命や医療問題、遺伝にかかわるイメージは、社会システムを成り立たせている区分を再生産し、場合によって

[3] Jasanoff, S. & Kim, S. 2015 *Dreamscapes of modernity*, University of Chicago Press.

[4] Jasanoff, S. & Kim, S. 2009 Containing the atom, *Minerva*, 47(2).

[5] Stephens, N. et al. 2013 Institutional imaginaries of publics in stem cell banking, *Science as Culture*, 22(4). また，「公衆」のイメージの構成については，本書７－１も参照

は、変容や消滅もさせる。ハリウッド映画『ジュラシックパーク』をケースとした研究では、遺伝にかかわるイメージが、生産され消費されるものとしての「生命」を構築し、さらには事実とフィクションとの境界、あるいは科学と娯楽との境界を曖昧にしたことを指摘している。[6]

## ■観念を現実にする

イメージそれ自体よりも、イメージが現実を作っていくダイナミズムに強くフォーカスするのが、**社会的表象理論**である。社会的表象理論は社会心理学で主流となっている理論の一つである。モスコヴィシ（S. Moscovici）の定式化によると、社会にとっての未知である新しい現象は、脅威であり、既知のものに変換される作用が生じる。[7] このとき既存の文脈の中で理解可能となるような、係留（名前の付与）と、物象化（制度化・現実化）が生じる。これら一連の過程で社会的表象はその自律性と強制力によって現実として立ち現れる。

社会的表象研究が取り上げるテーマにはさまざまなものがありうるが、ヨーロッパでは、新興テクノロジーを取り上げる研究が多い。それは、科学が、常に既存の意味システムにとっての未知を生み出すからである。異質な他者こそが社会的表象理論のターゲットであり、新興テクノロジーは、たとえば（欧州諸国での）「移民」といった対象と同じ位置にある。

[6] Franklin, S. 2000 Life itself. In Franklin, S. et al. eds. *Global nature, global culture*, Routledge.／ハラウェイの議論については本書4－4も参照

[7] Moscovici, S. 2000 *Social representations*, Polity Press.

新興テクノロジーがある集団にとっての異質な他者であるとして、社会はどのように反応し、飼いならしていくのか。その過程をより厳密に理論化したのが、**集合的シンボリックコーピング**理論[8]である。過程を、自覚、多様化、収束、安定化・浸透の四つに分けることができると定式化している。1990年代後半に起こったバイオテクノロジーに対する社会的混乱はまさにこの枠組みで説明ができ、遺伝子組み換え食品やクローン技術に対して、経済への期待や倫理的懸念をはじめとした複数の問題枠組みが登場し（多様化）、後に集約（収束）されていく過程が、データによって検証されている。[9]

社会的表象理論に依拠した実証研究は、**公衆の科学理解**領域で多く蓄積されている。展開されてきた研究は、必ずしも、公衆の知識・意識に拘泥するものではない。科学と公衆との相互作用や、イメージや言説の広範な働きも研究の射程に含まれている。たとえば、地球温暖化問題に関して、ヤスパル（R. Jaspal）とネルリッヒ（B. Nerlich）の研究グループは複数の言説空間（マスメディアの報道や、専門家間でやりとりされたレターなど）を対象に研究を進めている。科学的問題としての地球温暖化は、社会政治的問題としてのそれへと変化していく。その過程では、地球温暖化の問題枠組み自体が、「さまざまな側面をもつ脅威」から「脅威の集団化」へと変化し、さらには、「責任の帰属」、「未来への投機的な解決」へと変化していったという。[10]

[8] Wagner, W. et al. 2002 Collective symbolic coping with new technology, *British Journal of Social Psychology*, 41(3).

[9] ヨーロッパと共通の分析枠組みで、日本のバイオ問題を検証しているものとして、Hibino, A. & Nagata, M. 2006 Biotechnology in the Japanese media, *Asian Journal of Social Psychology*, 9(1).

[10] Jaspal, R. & Nerlich, B. 2014 When climate science became climate politics, *Public Understanding of Science*, 23(2).

## ■SFがつくる未来

未来についての何かしらのイメージが発せられ、現実化していく作用を理解するうえでSFは貴重な題材である。科学から影響を受けたSFのイメージが制度化や世論形成につながっていき、翻って科学そのものに影響を及ぼすことにもなる。[11] SFは、当然、前述の社会技術的イメージや社会的表象とかかわっており、ジャサノフは、SFを「社会技術的イメージの貯蔵庫（repository）」と表現している。[12]

具体的に2000年代に注目を集めた話題として、ナノテクノロジーをめぐるSFがある。クライトン（M. Crichton）による『プレイ』は軍事用ナノボットとの戦いを描いたSF作品で、物理学者ドレクスラー（K. Drexler）のグレイ・グー（自己増殖性マシンによる世界の終焉）のフィクションを採用している。[13]『プレイ』はナノテクのネガティブな側面と、その影響力の甚大さを提示し、政府の政策立案者の注目を集めるほどであった。[14] SFは強い概念化の力を通じて、世論や政策の中でテクノロジーの好意的な受容も、拒絶・反発ももたらしうる。活動家がSFを活用してバイオテクノロジー反対のキャンペーンを展開した例なども報告されている。ただし、SF＝イメージ、科学＝事実といった単純な区分ができないことはSTSが繰り返し強調する点である。

[11] 本書5－4参照

[12] Jasanoff & Kim 2015 前掲［3］

[13] ドレクスラーは自己増殖する万能アセンブラーのアイデアを論じており、ナノテクノロジーをめぐるハイプ（過剰な盛り上がり）の引き金にもなった。K・ドレクスラー 1992『創造する機械』パーソナルメディア

[14] D・ベルーベ 2009『ナノハイプ狂騒』みすず書房

## ■イメージと政治

イメージに関係するＳＴＳの概念として、社会技術的イメージは、特に政策決定の研究に有益な知見をもたらす。巨視的な時間スケールの中で政策成立の経緯を理解するもので、歴史的な研究[15]とも親和性がある。他方、社会的表象は、複数のイメージが一つに集約され現実化していくまさにその動きを、比較的微視的な時間スケールの中で明らかにする。

いずれにせよ、両概念が共通して強調するのは、「これからの未来」にかかわるイメージが生成され現実化していく過程に、政治的なせめぎあいや駆け引きが含まれている点である。せめぎあいの結果としてある一つが支配的になると異議を提出することは難しくなり、一つのイメージが「現実」となってしまう。新興テクノロジーに関する現実の生成は、同時に、それにかかわる共同体の正当性の確保と連動している点でも政治的である。そのため、イメージのルーツを可視化することは強力なイメージと支配的な関与者を解体する端緒となる。イメージ研究は、唯一の常識が他を抑圧する事態への回避につながりうるのである。

〔日比野愛子〕

［15］日本における歴史的研究として、核のイメージ（ＳＦを含む）を扱った中尾麻伊香 2015『核の誘惑』勁草書房などが興味深い。

## コラム９　感染症数理モデルの棲息地

日比野愛子

感染症の数理モデルといえば、新型コロナウイルス感染症との対応で大きな注目を集めている。日本においては、厚生労働省に設置されたクラスター対策班の活動が連日のニュースで報じられ、西浦博教授が数理モデルによる試算を駆使していたことが話題をさらった。

筆者は、偶然ながらコロナ禍の前に感染症数理モデルと社会をテーマとした研究を日本と台湾で行っていた[1]。数理モデルは政策に活用されているのか、もし活用を阻む要因があるとしたらそれは何かという問いを立て日本と台湾でインタビューを進めたものである。当時の日本（２０１５～２０１８年）は、感染症対策に対して数理モデルの活用がなかなか進まない問題意識の方が強かった。実際、この問題に詳しい研究者の絶対数も少なく、インタビュー協力者を探すにも苦労するほどであった。ＳＡＲＳ（重症急性呼吸器症候群）のニュースが大きく報じられた台湾では何か異なる対策をとっているのではないかと、ぼんやりとした直感でインタビューに向かったものである。

ＳＴＳの魅力の一つに、現場の科学者から直接話を聞くことができる点が挙げられる。テクノロジーと社会にかかわるさまざまな情報を事前に文献で調べ、問題の構造や取り巻く課題をある程度理解できたと思っていても、いざ実際に話を聞いてみるとこちらが思っていたストーリーと違うことがほとんどである。たとえば感染症数理モデルの調査の際に筆者は２００３年のＳＡＲＳを念頭においていた。確かに感染症のインフラ自体はこのときに整備が始まったのだが、数理モデルが採用されたのは２００９年の新型インフルエンザを契機としていた。新型インフルエンザの発生の際、ワクチンの必要備蓄数に関する情報が当時の台湾にはなかった。この情報の不足をシミュレーションがカバーしたことから数理モデルやシミュレーションは有用だという認識へと一気に変わったのだという。いまでこそ台湾は数理モデルの活用やデータを集めるためのシステム作りが官学で進められている。しかし以前は、数理モデルは役に立つものとは評価されず、モデルもその研究者も周辺的な立場におかれていたと聞いた。

そもそも同じ感染症だと思っていてもデング熱と新型インフルエンザ、ＳＡＲＳでは伝染の仕組みが異なっており、適用しやすいモデルも異なることもわかった。訪問した台湾の研究室ではデング熱については数理モデルの適用やシミュレーションを行っておらず、あくまで統計的な因果関係の分析のみを進めている。デング熱には、シミュレーションが適用されないのである。筆者の論稿に詳しく述べているが、デング熱のシミュレーションのため必要な情報、たとえば蚊が人を刺す頻度などの情報を得るのが難しいのだという。こうした問題は、ある程度は事前の文献調査でわかる。とはいえ研究者に直接話を聞くことによって、手法の使い分けにどの程度その実験室の戦略が関係しているのか、あるいは（どの実験室にも共通する）困難が影響しているのかなどが徐々にわかってくる。

何より、インタビューの中では熱い語りを聞きとる機会にも恵まれる。科学者と話が盛り上がるのは、やはりその科学研究そのものにまつわる何かしらのポイントに触れたときだと思う。先般の台湾でインタビューさせていただいた先生からは、数ある感染症問題の中でのデング熱研究の魅力について熱く語っていただいたことが印象に残っている。デング熱は環境と社会との関係性が表れるテーマであり、環境の重要性の理解につながるのだという。感染症数理モデルの研究はさまざまな自然科学・工学の学際的領域にまたがっている。つまり感染症数理モデルのみに特化した研究者コミュニティが強固に形成されているのではない。数理モデル、あるいは、感染症を専門の軸として、境界領域にさまざまな専門家が乗り出しているという状態にある。かかわる専門家は一つの研究室の中でもさまざまな手法や対象を扱っているので、その当人がコアに抱える興味関心は意外なところにおかれていることもある。こうしたことが熱い語りを通してほのかに見えてくるのである。

語りを集めてきて行うのが、概念化（理論化）の作業である。前述の調査では生態学的に捉える視点を採用した。数理モデルを一つの生物のようなものと考えると、その生物が棲息できる環境とは何かという形で問いを立てることができる。これは、数理モデルはどのような国・地域でも同じように活用できるのではないというメッセージをもつことでもある。概念化の局面では、知らず知らずのうちに対象者（対象）の影響を受けていることも多い。現場が発するメッセージの拾い出しと抽象化のバランスをとるのは難しいが、その試行錯誤が研究の一つの醍醐味といってよいだろう。

［1］日比野愛子 2019「感染症シミュレーションにみるモデルの生態学」山口富子・福島真人（編）『予測がつくる社会』東京大学出版会

# 第7章 参加

科学技術がもつ強大な力は、現在社会の構成に必須である一方、その舵取りはますます難易度を増している。社会が複雑に専門分化する一方で、その課題も特定境界をこえる現在、さまざまな領域での協働／市民参加といった制度の必要性は声高に主張される。他方、問題の多様化と社会の複雑化は、市民といった概念そのものにも再考を要求することになる。本章はそうした再吟味の例を紹介する。

## 7-1 市民参加

科学技術を研究対象とするSTSにおいて**市民**（citizen）はまず科学者や技術者ではない非専門家として登場してきた。[1] アカデミアにおいて研究される科学技術と、その外部にいる市民との関係が問題とされるようになったのである。STSは、専門的知識に対して相対的に無知とされがちな一般市民も、しばしば彼ら以上に問題点を理解していることを指摘し、科学技術政策に市民参加をいかに導入すべきかを模索してきた。一方で市民参加のさまざまな実践の知見が蓄積されていくにつれ、近年では議論が前提としていた市民の概念そのものが問い直されるようになってきている。「市民とは誰か？」という問いへの答えとして**プラグマティズム**が脚光を浴びており、特に**デューイ**（J. Dewey）の議論に基づいた**公衆**（public）の概念が注目されている。[2]

### ■公衆の科学理解

1980年代から1990年代にかけて、人びとにいかに科学的知識を伝えるのかという科学コミュニケーションの議論が科学者や政策立案者によって盛んになさ

[1] 本書1-4参照

[2] ここでは英語圏の議論に対応して「市民（citizen）」と「公衆（public）」を互換可能なものとして扱う。また、本書1-1も参照

れるのに呼応して、ＳＴＳでは市民に関する研究を発展させていった。この研究領域は**公衆の科学理解**とよばれている。[3] ＳＴＳが問題としたのは、科学コミュニケーションの前提とされていた「正しい」知識をもつ専門家とそれをもたない一般人という考え方であった。ウィンはこうした考え方を**欠如モデル**（deficit model）とよび、実態に即したものではないと批判した。チェルノブイリ原発事故後の英国における放射性物質問題に直面した科学者、英国政府そして牧羊農家についての事例に基づいて、彼は、知識が欠如しているとされた牧羊農家が、地元や羊の放射能汚染の状況に関してはむしろ専門家よりも正しく判断していたことを明らかにし、科学者のエリート主義および知識の限界を指摘したのである。「欠如モデル」の代わりにウィンが提唱したのが**文脈モデル**（context model）である。非専門家であってもローカルな文脈に則って知識を有しているのであり、決して知識が欠如しているわけではなく、専門家が一方的に啓蒙するという態度は弊害が大きいことを彼は主張した。[4] これ以降、専門家の限界および素人が専門家を凌駕する知識をもつという主張がＳＴＳでは盛んになった。

### ■市民参加と代表性

公衆の科学理解の研究が進展するのと軌を一にして、政策実践の場においても科学技術政策への市民参加が具体的に模索されるようになった。科学技術の評価に非専門

[3] この言葉自体は1985年に英国王立学会が英国国民の科学リテラシー向上の必要性を訴えた同名の報告書が発端となって広まった。

[4] Wynne, B. 1991 Knowledge in context, *Science, Technology, & Human values*, 16(1). / Wynne, B. 1996 Misunderstood misunderstandings, In Irwin, A. & Wynne, B. eds. *Misunderstanding science?*, Cambridge University Press. 6章がウィンの研究の簡潔な要約になっている。／H・コリンズ、T・ピンチ 2020『解放されたゴーレム』筑摩書房

家が加わることは**参加型テクノロジーアセスメント**とよばれ、多くの取り組みが存在するが、日本で注目されてきた実践としては特に**コンセンサス会議**が挙げられる。コンセンサス会議とは、一般公募により少人数の市民パネルを組織し、専門家の介入なしに独自の評価を行う手法であり、日本では1990年代末から2000年代にかけて遺伝子組み換え食品などについて、コンセンサス会議が試みられてきた。[5]

しかし、具体的な実践が着実に積み重ねられていく中で、市民参加を理念的に提唱していた段階では見えなかった問題が明らかになってきた。コンセンサス会議は実質的には政策に影響を与えていないといった有効性の指摘に加え、[6]最も重要な論点の一つは、公募などで集められた人びとが本当に市民を代表しているのかという**代表性**の問題である。どのような手法であれ特定の手続きによって集められた人びと（の意見）は、特定の傾向を帯びた特殊なものとなってしまい、市民参加論が前提とする市民一般とは重ならないのではないかという疑念がもたれるようになったのである。[7]こうした代表性の問題に対し、参加型テクノロジーアセスメントの位置づけを見直したり、[8]手法の改良を目指したりする動きがある一方で、よりラディカルに、これまで前提としてきた市民という概念そのものについて再考していく動きも生まれてきた。

## ■デューイへの注目

これまでの市民参加の議論では、非専門家という形で市民が存在することは自明と

[5] 小林傳司 2004『誰が科学技術について考えるのか』名古屋大学出版会

[6] Dryzek, J. & Tucker, A. 2008 Deliberative innovation to different effect, *Public Administration Review*, 68(5).

[7] たとえば日本で行われたコンセンサス会議では時間に余裕のある退職した高齢男性が有意に多かったことが指摘されている。小林 2004 前掲 [5]

[8] 参加型テクノロジーアセスメントを市民が代表される場というよりも、「追加的な公共圏」として新たな意見を生み出す場として捉えるべきだという主張がなされている。Marris, C. et al 2008 Interactive technology assessment in the real world, *Science, Technology, & Human Values*, 33(1).

されてきたが、むしろ個々の科学技術の問題において市民が「作られる」側面に注目して、公衆・公共という概念を捉え直す試みがされている。そこで近年参照されているのがプラグマティズム、特にデューイの公衆の議論である。

デューイは『公衆とその諸問題』において独特な形で公衆を定義している。この著作で彼は、複雑化した産業社会において非専門家による民主主義の限界を主張する当時の20世紀初頭米国の議論[9]に対抗し、民主主義の重要性を擁護している。彼によれば、何かが公的であるというのはある行為の効果が当事者以外の第三者へ及んでいる状態にあることを意味し、第三者がそうした効果をコントロールしようとすることによって公衆が組織される。民主主義とはこうした公衆による問題解決の過程だと考えたのである。現代社会はより複雑になるがゆえに問題もより多く発生するのであり、民主主義を疑い専門家の統治を求める当時の主張とは逆に、より多くの公衆、より多くの民主主義が要請されるのだと主張した[10]。

デューイの議論をSTSに紹介したマーレス（N. Marres）は、デューイの公衆の定義は市民参加の議論にとって有益だと述べている[11]。彼女によれば、デューイの意義は民主政治が問題形成という実践にかかわるものであり、問題への関与によって市民が作られることを強調している点にある。また、このような市民はコンセンサス会議などの手法を導入することで包括できるものではないという。ある科学技術が問題となるのは、行政や議会といった既存の制度によっては解決できないがために問題とし

[9]『公衆とその諸問題』は直接にはリップマンの『幻の公衆』への応答として書かれている。W・リップマン 2007『幻の公衆』柏書房

[10] J・デューイ 2014『公衆とその諸問題』筑摩書房

[11] Marres, N. 2007 The issues deserve more credit, *Social Studies of Science*, 37(5). / Marres, N. 2012 *Material participation*, Palgrave Macmillan.

て現れるのであって、こうした問題の**公共化**（publicization）がどのような過程を経るのかは予想することはできない。そのため、問題と相互に生成される市民も過程の中で変動し、一つの制度的手続きのみに回収できる存在ではない。ＳＴＳはコンセンサス会議などの手続きだけでなく、広くさまざまな実践を追いかけて、アクターの結合によっていかに市民参加が生まれるのかを探究すべきだと彼女は主張する。つまり、**公共圏**[12]概念のように市民があらかじめ広範に存在していると考えるのではなく、個々の具体的な問題を解決しようとする中で「市民」が後から個別に生まれてくると考えるのである。

## ■ＳＴＳにおける実験概念の拡張

こうした市民参加の再考は、ＳＴＳが実験室に関する研究で得られた知見を政治という外部の領域にまで拡張させる試みであると考えることができる。[13] デューイがＳＴＳで再発見されたのも、彼が政治を科学と通底する探究の営みと捉え、**実験性**（experimentality）という要素を強調していたことにある。[14] 彼は政治だけでなく道徳や芸術も、問題化とその解消の過程であると考え、こうした側面を実験性とよんでいる。[15] 試行錯誤を通じての学習という人間の行為を考えてみれば、実験というのは科学の領域に限定されるものではなく、実は日常生活のいたるところで私たちは何かしらの実験を行っている。[16] 近年の「公衆」についての議論も、市民参加を実験室の科学者

[12] 市民参加の議論でしばしば言及される概念であり、一般的には、近代になって登場したとされる、国家から自立して市民が共通の利益について討議する市民的公共圏のことを指す。J・ハーバーマス 1994『公共性の構造転換』未来社

[13] 本書4－2参照

[14] 日本では、デューイの研究は数多くなされており、特に教育学や政治学では膨大な量にのぼる。亀尾利夫 1975『デューイの哲学』勁草書房／加賀裕郎 2020『民主主義の哲学』ナカニシヤ出版、など。

楽観主義的なデューイのプラグマティズムとその背景にあるエマーソンの超絶主義との関係については、齋藤直子 2009『〝内なる光〟と教育』法政大学出版局、参照。

福島はそうした楽観主義がＳＴＳに与える影響を批判的に分析している。福島真人 2020「言葉とモノ」藤垣裕子他（編）『科学技術社会論の挑戦3』東京大学出版会

が行うような一種の知識を作る実践だとみなし、そのうえで個々の事例に即して市民を捉えることを提案しているのである[17]。

コンセンサス会議などの実践志向の議論に対して、近年のデューイへの注目は市民なるものがそもそもどこにいるのかを実践に移す前の根源的なところから考え直そうという動きである。既存の枠組みに限定されずに市民参加の可能性をできるだけ広く追究していく点が特徴である一方で、科学技術政策をどうすれば改善できるのかという具体性にはなかなか結びつきにくい。また、それぞれの科学技術の問題において影響を受けたり問題視したりする人びとが既存の制度の枠組みに収まらない個別的な形で市民として現れるのは確かであっても、しばしば裁判や選挙といった安定的な制度によって問題は終結し、そこには個別の科学技術の問題以上のより広範な科学への市民参加のあり方や問題が含まれているだろう[18]。こうした複数の「市民」の間の関係や、既存の制度的枠組みを研究してきた政治学や法学とSTSの対話が今後の課題になると思われる。

〔吉田航太〕

[15] J・デューイ 2010『経験としての芸術』晃洋書房／同 2013『行動の論理学』人間の科学新社

[16] 実験の概念一般については、Gross, M. & Krohn, W. 2017 Society as experiment, *History of the Human Sciences,* 18(2).

[17] STSの文脈では、プラグマティズムと関連が深い象徴的相互作用論の強い伝統があり、スター（S. L. Star）やフジムラ（J. Fujimura）が代表的な研究者である。アクターネットワーク理論派のデューイ再発見が遅れたのは、この二つの流派の潜在的対立関係も関連している。

[18] 本書5-2、5-3、5-4参照

7-2

# 市民科学

前節では科学と公共についての比較的理論的な問題を紹介したが、アカデミックな研究者以外の人びとが実際に科学研究に携わる事例は少なくなく、こうした実践はSTSでは**市民科学**（citizen science）とよばれている。市民科学という言葉は1990年代に現れた比較的新しい言葉だが、[1] 現在では非専門家の人びとによる科学を指す言葉として広く用いられている。科学とは一般に大学や企業の研究所などで専門的（アカデミック）な教育を受けた科学者が研究するものだとされているが、そこに普通の人びとが加わるとはどういうことなのか。科学と社会の関係を探求してきたSTSでは、非科学者が科学にかかわる多くの事例が報告されてきた。

## ■市民科学の多様な実践

市民によって最先端の科学研究が担われることを論じた代表的な研究には、エプスタイン（S. Epstein）によるエイズと患者団体についての研究が挙げられる。1980年代に新たに登場した疾病であるエイズの医学的研究において、ニューヨークのゲイ

[1]「市民科学」という言葉は1990年代半ばに英国のSTS研究者であるアーウィン（A. Irwin）によって用いられ、また同時期に米国の鳥類学・保全生態学者であるボニー（R. Bonney）もこの言葉を提唱している。前者は科学政策への市民の政治的参加を、後者は研究活動への市民の関与や科学コミュニケーションを意味している。

男性を中心とした患者団体が治療法の模索に大きく貢献したことを彼は分析した。エイズが致命的な疾病であり、また都市部のゲイコミュニティという比較的学歴の高い人びとに当初感染が広がったため、通常の医学研究で行われる二重盲検法[2]による比較試験を患者たちは受け入れず、偽薬を拒絶するなどの抵抗を行った。その後、彼らは患者団体を設立して専門的な医学を勉強し、研究者たちと同等の立場で議論をするにいたった[3]。こうした事例は被験者としてのみ対象化されがちな患者という存在が、専門的な知識を身に着けることで科学者と同等の立場で協力して研究を担うことができ、また医師の立場から一方的に行われる医学研究の欠点を明らかにできることを示している。

医学以外では、生態学などのフィールドサイエンスにおいても、アカデミックな研究者以外の人びとが重要な担い手となってきた。博物学の時代から新種の発見や生態調査には一般の自然愛好家が多くかかわっており、個々のローカルな自然環境への理解が不可欠なこうした学問分野では資金提供からデータの提供に至るまで協業関係が構築されている。たとえば、スター（S. Leigh-Star）らが提唱した**境界物**の概念[4]もカリフォルニアの自然博物館設立におけるアマチュアと科学者の境界を超えた協力の分析から来ている。また、天文学も古くからアマチュアによる観測活動が大きな役割を果たしてきた分野であり、天体の新発見など多くの業績がアマチュア天文家によって担われてきた[5]。

［2］二重盲検法とは、薬の効果を正確に測定するために、投与する薬が本当の薬なのかそれとも偽薬なのか患者も医師も分からないようにする手法である。

［3］Epstein, S. 1996 *Impure science*, University of California press. ／日本語では次の本の第7章がこの研究の要約になっている。H・コリンズ、T・ピンチ 2020『解放されたゴーレム』筑摩書房

［4］本書2－2参照

［5］T・フェリス 2013『スターゲイザー』みすず書房

これまで挙げてきた事例では、非専門家が社会運動を通じて専門的な知識をもつ科学者のようになりえたり、生態学や天文学といった科学の専門分野において協力関係が組み込まれていたりと、科学研究における平和的な協働が論じられる一方、20世紀後半に環境問題や原子力技術などへの問題関心が高まる中で、より対抗的な市民科学のあり方も注目されてきた。水俣病に代表されるの日本の公害の事例を考えてもわかるように、環境問題に初めて気付くのは研究者というよりもその影響を受ける人びとであることが多い。新たに登場した科学技術の問題に対して影響を受ける人びとは、周縁的な研究者と協力しながら独自にこれらの問題に取り組み、データや知見を集積していくのである。コーバーン（J. Corburn）はこうした市民の実践を**ストリート科学**とよび、ニューヨークの大気汚染問題を調べる地域コミュニティの取り組みを論じている。[6] 日本においては市民科学という言葉は、こうした既存の科学への批判的な立場の運動を指すことが多い。[7]

近年の英語圏ではSTSを超えて市民科学という言葉が広まっており、一種のブームといえるほどの状況である。[8] 情報技術の発達と普及を背景にして、多くのアマチュアがインターネットを通じて知識を共有し、研究に貢献できるようになってきたのである。[9] また、遺伝子組み換え実験といった生物学の高度な実験もオープンソースの遺伝子データなどを用いて大学の研究設備なしで成し遂げる**DIYバイオ**も盛んに行われている。[10] 現在ではさまざまな研究領域において市民科学とよばれる実践が拡大し

[6] Corburn, J. 2005 *Street science*, MIT Press.

[7] 1980年代の反原発運動の中心人物として活動した高木は、欧米での市民科学の命名とは別に、産業界や国家からではない視点から社会の問題を科学的に取り組むことを「市民科学」と呼んだ。現在も彼の遺産をもとにした高木基金がこうした市民科学の活動への助成を行っている。高木仁三郎 2014『市民の科学』講談社

[8] 2013年には国際的な市民科学の学会である市民科学協会（CSA）が結成され、*Citizen Science* という市民科学専門の学術誌もCSAから出版されている。

[9] M・ニールセン 2013『オープンサイエンス革命』紀伊國屋書店

[10] M・ウォールセン 2012『バイオパンク』NHK出版

ているが、一般市民による研究やクラウドファンディングから児童への科学教育など、ありとあらゆる要素がこの言葉に含められる傾向にあるのも否めない。DIYバイオの動きも、シリコンバレーにおいて次世代のイノベーションとして注目されているものであり、言葉だけが先行して実情が未だ不明瞭なままともいえる。

## ■市民科学とアカデミック科学

以上見てきたように、市民科学の位置づけについては、既存の科学の延長とみなす立場と、既存の科学のオルタナティブとみなすという両極端な立場がしばしば見られる。前者は、科学という専門領域の境界付近で一般市民もアマチュアとして研究やデータ収集に貢献していると考える立場であり、市民科学を歓迎する自然科学者に見られる。後者は、現状の科学は国家や産業界の利益に奉仕する存在に堕落したため社会に不利益をもたらしているとみなして、市民科学は堕落したアカデミック科学を批判してオルタナティブな科学を目指すものだと考える立場であり、市民科学を掲げるアクティビストがとる傾向にある。[11]

しかし、多くのSTS研究者は（後者の立場をとる者もいるが）、両者の間に立ち、市民科学とアカデミック科学は同じものでもないが対立しているものでもなく、両者が不可分な形で相互構成していることを論じている。社会運動研究とSTSの理論的対話を精力的に模索しているヘス（D. Hess）は、市民による社会運動を**未達成の科**

［11］S・クリムスキー 2006『科学技術と公共性』海鳴社

**学**（undone science）を示すものと位置づけている。ヘスによれば、技術システムの変化においては対抗的な公衆（counter public）が大きな役割を果たしており、既存の科学が取り上げてこなかった問題が対抗的な公衆によって未達成の科学の領域として発見され、研究が進むことで社会や産業の変化が起きるという。ここでの未達成の科学は、環境問題や新テクノロジーのリスク評価だけでなく、動物実験の是非など科学にまつわるあらゆる問題を含んでいる。それぞれの科学分野が専門性を確立しているがゆえに見えなくなっている領域を社会運動は発見するのであり、いわばまだ科学にはなっていない科学が市民科学なのだと彼は主張する[12]。

カロンらもまた科学と民主主義の関係を問ううえで、科学の担い手としての市民を論じている。彼もまた一般市民を一種の科学者とみなし、市民科学を**野生の研究**（research in the wild）であるとしている。出来事の因果関係を探るというのは科学者だけではなく人類共通の実践であり、不確実性に対してアカデミックな科学者が科学の限界として無視するのに対し、むしろ一般市民の方がより粘り強く探求を続けるという[13]。フランスの筋ジストロフィー患者団体の事例をもとに、国家や企業や大学といった既存のステークホルダーを超えて、患者団体という新たな集団が筋ジストロフィー研究という新たな研究の編成を先導する力になったことを紹介し、こうした市民の中から新たに生まれる集団の数と重要性は科学技術と市場が相互に発展してきた現代社会では増してきていると主張する[14]。

[12] Hess, D. 2016 *Undone science*, MIT Press. 筆者の分野（廃棄物処理）では、埋立や焼却処理と比べて、生ゴミ堆肥化の研究はNGOなどが世界的に中心となっている。これは堆肥という技術自体がアカデミズムから扱われてこなかったことも一因にある。吉田航太 2018「インフラストラクチャー／バウンダリーオブジェクトと象徴的価値の問題」『文化人類学』83(3). / Gieryn, T. 1999 *Cultural boundaries of science*, The University of Chicago Press.（特に5章）

[13] Callon, M. et al. 2009 *Acting in an uncertain world*, MIT Press.

## ■市民科学への批判的態度

ＳＴＳ研究者の多くが市民科学を専門化した科学の限界を明らかにし、補完する存在であると肯定的に取り上げる一方で、市民科学の問題を指摘する議論もある。コリンズはＳＴＳ研究者が市民科学を称揚して科学の専門性を取り去ろうとする傾向をＳＴＳの第二の波[15]とよび、その限界を主張する。そうした研究者の態度は、反ワクチン運動のような、専門知からは明らかに誤りであり社会に不利益をもたらすような動きでさえも肯定してしまう。ＳＴＳは専門知を政治的権利の問題と切り離して今後のあるべき専門知を再検討すべきとする第三の波を彼は提唱する。[16] コリンズの立場に従えば、市民が専門家になって科学に貢献することはあっても、市民科学という特別なものは存在しない、むしろ専門性の判断基準がないことによって非科学的な誤りが蔓延してしまうとさえいえるだろう。

コリンズの第三の波論には異論もあり、市民科学というものがありえるのかどうか、肯定的に扱えるかどうかについては議論が続いている。とはいえ近年の市民科学ブームのように非専門家による研究の動きは今後も拡大していくと思われる。こうした境界的な存在である市民科学がどういう性質をもっているのか、どうあるべきなのかについては今後も検討が続いていくだろう。[17]

〔吉田航太〕

[14] Callon, M. & Rabeharisoa, V. 2008 The growing engagement of emergent concerned groups in political and economic life, *Science, Technology, & Human Values*, 33(2).

[15] マートンの科学社会学に代表される、科学が真理であることを前提とした科学論が「第一の波」とされている。

[16] Collins, H. & Evans, R. 2002 The third wave of science studies, *Social Studies of Science*, 32(2).／H・コリンズ 2017『我々みんなが科学の専門家なのか?』法政大学出版局／H・コリンズ、R・エヴァンズ 2020『専門知を再考する』名古屋大学出版会

[17] 本書2－1参照

# 7-3 ユーザー

科学の活動に市民の参加が求められるのと同様に、近年、テクノロジーの開発過程にユーザーの参加を求める動きも活発化している。ＳＴＳでは、ユーザー論と総称される研究群があり、テクノロジーのイノベーションの成否を握る鍵が**ユーザー**であることを打ち出してきた。ただしここで言及されるユーザーとは、いわゆる消費者とはニュアンスが異なる。

## ■テクノロジーとユーザーの共生産

ＳＴＳがユーザーに注目するようになったのはオウドスホルン（N. Oudshoorn）とピンチ（T. Pinch）の功績が大きい。[1] 彼らは、ユーザーがテクノロジーをただ消費するだけの存在ではなく、テクノロジーを修正し、占有し、デザインし、他のものと再結合し、場合によっては、抵抗するといった実にさまざまな役割をもつという視点を提示した。またここで重要なのは、テクノロジーとユーザーが**共生産**[2]されるという視点である。ユーザーがテクノロジーを形作るだけではなく、新しく登場したテク

［1］Oudshoorn, N. & Pinch, T. 2003 *How users matter*, MIT Press.

［2］本書３－１参照

ノロジーがそれに関与するユーザーなるものを実体化していくのである。

ユーザー論のルーツの一つが**技術の社会的構築論**[2]である。技術の社会的構築論では、技術が蛇行的な軌跡を描いて発展する世界観を示す。従来のイノベーションの見方、つまりイノベーションを研究・開発・生産・販売にいたる線形的な発展とする見方から大きく転換が図られる中で、[3]開発者や販売者ではないユーザーの役割が注目されるようになったのである。このとき、技術の構築過程に登場するさまざまな集団同士の関係性に注目する概念が**関連社会集団**（relevant social group）である。異なる関連社会集団は、テクノロジーに対して異なる意味を付与する。さらにテクノロジーに対して異なる解決法が探られることでテクノロジーは多様な変異型をもつにいたる。ユーザー集団は、関連社会集団の一つだが、開発者や販売者といった別の関連社会集団に比べると不可視化されやすい。技術の社会的構築論は、見えない社会集団であったはずのユーザーが可視化され、パワーをもつ事例やそのメカニズムに注目するのである。

上記の問題設定からは必然ともいえるが、この議論の初期版では、ユーザー集団を一つの均質なものとみなす傾向がある。しかし、後に続く研究では、ユーザーの多様性や変化に関心が移っている。たとえば、ラグラン（A. Laegran）による事例研究は、ノルウェーの村を舞台に自動車とインターネットを軸とする二つの若者集団の形成を描いている。[4]自動車にかかわる若者集団は、自動車を「楽しみのためのおも

[3] Bijker, W. et al. 1987 *The social construction of technological systems*, MIT Press.

[4] Laegran, A. 2003 Escape Vehicles? In Oudshoorn, N. et al. eds. *How users matter*, MIT Press.

ちゃ」と考え、ガソリンスタンドにたむろして、男性中心的な規範を形成していく。他方、インターネットにかかわる若者集団では、比較的男女平等の集団規範が形成され、カフェなどを中心とした活動を行う。自動車とインターネットというテクノロジーをもとに異なる意味と集団アイデンティティが形成されるのである。

## ■デザイナーでもあるユーザー

デザイナーとユーザーは、異なる二つの役割と区分されることが多い。しかし、多くの科学実践の現場では、デザイナーとユーザーの境界は曖昧である。科学者は、テクノロジー（実験機器等）をユーザーとして利用するだけではなく、デザイナーとして設計や改良を加えることが多々ある。フォンヒッペル（E. von Hippel）は、科学機器の成功・失敗事例を定量的に検証し、成功した多くの科学機器では、機器の発明や開発初期段階での大幅な改善に（企業ではなく）科学者が関与していたことを明らかにした。この知見は後に、イノベーション論の中で有名な**リードユーザー**概念につながっていく[5]。リードユーザーとは、ユーザーの中でも、先行してテクノロジーの革新を先に経験するユーザーのことである。科学機器に限らず、一般の製品開発場面でもこうしたリードユーザーを確立することがイノベーションの成功を導くとして多くの研究が展開された。

新規な道具の成立はまた、それを用いるユーザー集団の成立に依存している。たと

[5] E.フォンヒッペル 2005『民主化するイノベーションの時代』ファーストプレス／小川進 2013『ユーザーイノベーション』東洋経済新報社

えば、モディ（C. Mody）は、走査型顕微鏡という新しい科学機器の成立過程を描く中で、機器の成立に、顕微鏡を使った研究者集団の拡大や、研究分野を一つのディシプリンとして成り立たせる戦略が複雑に絡み合っている様を示した。[6] 彼が**道具共同体**（instrumental community）という概念で表したように、通常手段と位置づけられる道具は、その道具の利用にかかわるさまざまなアクターの組織化を「手段」としながら発達するのである。

テクノロジーが発達していくと、その過程に参加している「デザイナーかつユーザー」の（よい意味での）曖昧性が解消されることもある。たとえば、走査型顕微鏡の日本の事例を扱った研究では、機器開発初期に重要な役割を果たしたデザイナーかつユーザーであった集団が、科学機器が成熟していくにつれ、アイデンティティの再構築を迫られるケースがみられた。[7] テクノロジーの登場段階だけではなく、その後の成熟化におけるテクノロジーとユーザーとの関係性もまた興味深いテーマである。

これら科学の実験現場の研究でも、先ほどの一般的な技術普及の研究でも、ユーザーとテクノロジーが共生産するという視点は、イノベーションの**偶発的**（contingent）な側面を強調する。イノベーションの過程は、現在見えている帰結が他の帰結でもありえたという可能性に満ちている。しかし、テクノロジーとユーザーがお互いに影響を与え実体化していく中で一つの現実が構成される。つまり、ユーザーの参加により新規技術が確立するように見えたとしても、それは偶然かつ複雑な相互

[6] Mody, C. 2011 *Instrumental community*, MIT Press. 走査型顕微鏡とは、視覚ではなく、ものの表面をなぞることでその微細な構造を明らかにするタイプの顕微鏡のこと。

[7] 日比野愛子 2016「生命科学実験室のグループ・ダイナミックス」『実験社会心理学研究』56(1).

作用の結果として生じるのである。ユーザーの参加を操作することで、イノベーションを思い通りに発生させようとする管理的思想はイノベーションの理解にそぐわない、という問題提起がここには見出される。

### ■想像上のユーザー

STSでは、エンジニア側が架空の存在としてユーザーを想定することの問題性を問う研究も多い。実在するユーザーが、開発途中のテクノロジーに影響することは稀だ、というのがこの立場の主張するところである。想像上のユーザーはテクノロジーの開発途中で語られ、動員されるという点で重要な意味をもつ。ユーザーを想像と実体との間を揺れ動く存在とみなす枠組みは、そもそもテクノロジーそれ自体が観念と実在との間を行ったり来たりする過程だとする考えと密接に結びついており、さらには、科学を仮説と実在とが交代していく過程とみるSTSの基本的な枠組みにもつながっている。

より具体的に、想像されるユーザーが開発現場に投げかける課題を扱った研究として、ロス（P. Ross）による、教育支援システムの研究がある。この開発過程で、デザイナーは想像上のユーザーを引き合いに出す。しかし、この想像上のユーザーは、デザイナーの過去の経験の投影であったり、あるいはデザイナーが自分のプロダクトを他者に活用してもらうための説得材料だったりする。[8]

[8] Ross, P. 2010 Problematizing the user in user-centered production, *Social Studies of Science*, 41(2).

想像上のユーザーの研究は、結局のところ、ユーザーについての**語り**がもつ**行為遂行性**を議論したものだ。したがって、その理論的枠組みは**期待の社会学**[9]と関連が深い。ユーザーへの語りを動員することで、技術の開発を促進したり、逆に停滞をもたらしたりする。[10]

## ■ユーザーの正体

ユーザーの参加を求める参加型デザイン手法等には、近年多くの期待が集まっている。また萌芽期にあるテクノロジーは、素晴らしい未来像とともに恩恵を受けるユーザーのビジョンを提示する。確かに、ユーザーとテクノロジーは互いに影響しながら発達していくものだが、その動きは決して単純にコントロールできるようなものではない。開発者によるユーザーの語りは、社会的文脈の中で特定の力をもち、他者への働きかけを行っていく。ＳＴＳのユーザー論は、看過されがちな存在に目を向け、テクノロジー発展の蛇行的な性質を明らかにするところから始まった。その多くは安易なユーザー中心主義には警鐘をならすものである。ユーザーの正体を私たちはよく注視する必要がある。

〔日比野愛子〕

[9] 本書6－1参照

[10] 場合によっては、想像するユーザーの存在がテクノロジーの発展を停滞させてしまうこともある。Hysalo, S. 2010 *Health technology development and use*, Routledge.

## コラム10　科学とアート？

福島真人

国際的STS分野の間で、活発化しつつある研究分野の一つに、科学とアートの関係をめぐるものがある。もともと学際的性格をもつSTSのため、どの領域に口を出しても不思議はないが、この領域への関心にはいくつかの起源がある。特に興味深いのは、現代アート側の事情である。

デュシャンの「網膜的」（つまり従来の絵画等）ではない芸術という観念が拡大し、現代アート業界はありとあらゆる新たな表現媒体に手に出し、それをアート化するという動向が続いている。さまざまなメディア、大自然そのもの（ランドアート）、ゲーム、AI、バーチュアルリアリティ、さらにはバイオ素材を応用したものもある。2019年末から開かれた森美術館の『未来と芸術展』は、テクノロジーそのものとそれをアート化したものの、不思議な集合体であった。またそうした試みの正当化に、STS系言説が珍重されるのもまた近年の特徴の一つである。*ArtReview*という国際誌が選ぶ、アート業界影響力ランキングの2018年版では、サイボーグフェミニズムで有名で、バイオアートとのつながりが深いハラウェイが67位に堂々ランク入りしている。また同年53位、ベルリンのキュレーターのフランケは、書くものすべてどこかラトゥールっぽい自然／社会論を援用している。

しかし、科学技術やSTS風言説がアート業界に導入されるのはいいとして、それが広い社会的文脈で、どのような末路をたどるかは、予断を許さない面もある。というのもこれらはすべて、制作者側の論理に近いからである。この点について興味深いのは、前述したデュシャンと、いまSTSで再評価の機運のあるデューイは奇しくもほとんど同じようなことを主張している。つまりそれを評価し、後世に残していくのは、観客であり、アーティストそのものが果たす役割は実は限定されているという主張である。実際、テクノロジーの新奇性に依存するアート作品は、その陳腐化によるしっぺ返しを食らう[1]。新奇なテクノ・アート作品の何が残り、何が消えるのかというのは実は非常に魅力的なSTS的テーマでもある。

［1］福島真人 2020「The technological regime on newness」（講演、森美術館）

## コラム11　市民らしい市民

ソン・ジュンウ

劇に例えれば、科学者が引いた境界を超える挑戦者の役にSTSでは「市民」がよく割り当てられる。政治権力や政策決定者もよく科学の境界を超える役を担うが、どちらかというと境界を踏みにじる方に近く、科学者が境界を守りながら一進一退するドラマが繰り広げられる。市民が主役のドラマになれば、科学的活動への参加を拒まれていた者が、活動の一部を担ったり、活動の方向性に影響を与えたりする姿を見せ、カタルシスを感じさせるものが多い。成長物語のように、終盤には市民が準専門家や市民科学者になるシナリオも定番である。

しかし研究のために現場に直接向かう楽しみの一つは、予想可能なシナリオに当てはまらない事例に出会うことである。科学政策の現場に向かってみると、専門家から区別される市民の境界の同定に、市民自ら取り組んでいる場面に出会った事例を、ここで紹介したい。

韓国の国家科学技術委員会が毎年開いているテクノロジーアセスメントに市民パネルの一人として参加したときのことである。初日には、みなお互いを観察しながら「市民」とは何かを探っていた。初日の打ち上げで、「自分が専門家じゃないってことはわかりますが、市民なのかはわかりませんね。何かわかりました？」と聞かれたことははっきり覚えている。そして次回からは、市民の境界をめぐる議論がみられた。たとえば、「毎土曜日に生計を気にせず、遠くソウルまで来られる者のみの集まりでは、市民とは言いがたい」と主張し、人口統計学的な代表性を基準に考えていたAさんと、中小企業経営者の立場を代弁すると公言し、ステークホルダーの集合として市民を捉えていたBさんの間では、微妙な緊張感があった。より興味深い点は、市民パネルの誰もが市民と専門家の間の境界をはっきりさせようとしていたことである。専門家に見えるような意見は控えて、市民らしい市民として発言力を高めようとしているように思えるところもあった。

なぜそうなったのか。単に市民パネルという名前が悪かったのかもしれない。あるいは、知識の生産というコンテキストとは違い、民主主義社会の政策形成というコンテキストにおいては、専門性や科学的基礎の有無にかかわらず、市民の声というものに認められる力があったからかもしれない。確かな結論を求めるにはまだ材料が不足していて、材料がそろうまでに予期せぬ出会いがもっと必要となるだろう。しかし、それもまた楽しみである。

# おわりに

科学の活動をめぐるさまざまなダイナミズム――生成や変容、あるいは固定――を捉えるSTSは、その魅力的な内容にもかかわらず日本では（欧米ほどには）大きな潮流となっていないという問題意識を本文中で何度か述べてきた。STSは、学際的なアプローチによって成り立つ領域であるため、さまざまな分野の研究者が乗り込むことが必要である。このとき、多様なディシプリン間の共通語を探ることは確かに難しい。しかし、国際的なSTSの場で出会う研究者らは、何かしら既存の学問的背景――たとえば社会学や歴史学、あるいは、自然科学・工学でも――をもっていたとしても、STSにかかわる諸概念を共有・駆使して議論を展開していたように思える。

本邦におけるSTSのうねり、あるいは、共通語の構築を阻むものがあるとすれば、それは一つに、日本では社会科学なるものが結局のところ何を成す営みなのか、あるいは、どのようにしてそれを達成できるのかの理解が、関係者以外にうまく共有できていないことによるのかもしれない。「STSに関心があるのだけれども、それをどうやって社会科学にするのかがよくわからない」という相談を受けることも時々ある。

本書では、STSを社会科学の営みと位置づけ、さらにそうした社会科学は概念の力に重きをおくことを主張してきた。科学の現場を言語化していく営みは、STSの領域に限られるものではない。たとえば、ドキュメンタリーやノンフィクションで科学的発見の足跡をたどる良質な作品も多い。こうした記述と照らし合わせたときのSTSの魅力とは、目の前に現れている現象が含む言葉にしにくい違和感を概念というレンズで切り取り、新しい世界を見せることにあると言ってよいだろう。概念化によって、ただ曖昧模糊としていた複合体――複雑な科学・技術・社会の絡み合い――が何かしらの像を結び、腑に落ちるのである。もちろん、現象の性質とそれを切り取ろうとする概念（レンズ）がうまく合わないときには、さらに混沌を増すわけであるがそれもまた一興だろう。そこから新しい概念を生み出せる可能性も大きい。

他方、科学にかかわるさまざまな問題が噴出する今日、STSが問題を明快に解決する魔法の杖であるかのように期待されることも多いのだが、それゆえ、STSが実用的な解決策を即座に提起できないと批判される場合もある。しかし、現実の複雑さを分析することを主眼とする社会科学に基づくSTSとは、科学と社会の入り組んだ関係性をつまびらかにすることを第一目的としている。綿密な検討を通して、必ずしも短期的実用的ではなかったとしても、長期的総合的な解決策が提起可能となる。

科学の活動をめぐるダイナミズムの検討は、現代社会に生じる深刻な課題に対応するうえで欠かせない。また、そうしたダイナミズムが素朴におもしろいという側面もある。本書が科学をめぐるさまざまな問題を読み解き、咀嚼し、新たな知見を生み出すための一助となれば幸いである。

新曜社の大谷裕子さんには本書の企画段階から応援をいただき、ＳＴＳの魅力を広く読者に伝えるためのさまざまなサポートをいただいた。筆者一同よりお礼を申し上げる。

編者　日比野愛子・鈴木舞

ワードマップ
科学技術社会学（STS）
テクノサイエンス時代を航行するために

初版第1刷発行　2021年8月10日
初版第2刷発行　2022年3月20日

編　者　日比野愛子・鈴木舞・福島真人

発行者　塩浦　暲

発行所　株式会社　新曜社
101-0051　東京都千代田区神田神保町3－9
電話（03）3264－4973（代）・FAX（03）3239－2958
e-mail : info@shin-yo-sha.co.jp
URL : https://www.shin-yo-sha.co.jp
組版所　Katzen House

印　刷　星野精版印刷

製　本　積信堂


Printed in Japan
ISBN978-4-7885-1732-5 C3030

# 編者・執筆者一覧

編 者

**日比野愛子**（ひびの あいこ）　**[3–3、3–4、6–2、6–3、7–3、コラム8・9]**
弘前大学人文社会科学部 准教授。専門は科学技術社会学、社会心理学（グループ・ダイナミックス）。主著に『萌芽する科学技術 ── 先端科学技術への社会学的アプローチ』(2009，京都大学学術出版会，共編著)、『つながれない社会 ── グループ・ダイナミックスの3つの眼』(2014，ナカニシヤ出版，共著)、論考に「生命科学実験室のグループ・ダイナミックス」(2016，実験社会心理学研究）など。

**鈴木舞**（すずき まい）　**[4–1、4–2、4–4、5–3、5–4、コラム3・6]**
慶應義塾大学グローバルリサーチインスティテュート 所員／東京大学地震研究所 外来研究員。専門はSTS、文化人類学。主著に『科学鑑定のエスノグラフィ ── ニュージーランドにおける法科学ラボラトリーの実践』(2017，東京大学出版会)、論考に「法科学における異分野間協働」(2017，科学技術社会論研究)、「未来をつくる法システム」「過去に基づく未来予測の課題」(2019，『予測がつくる社会 ── 「科学の言葉」の使われ方』東京大学出版会，分担執筆）など。

**福島真人**（ふくしま まさと）　**[1–1 ～ 1–4、2–1、3–1、5–1、5–2、6–1、コラム1・2・10]**
東京大学大学院情報学環 教授。専門は科学技術社会学、現代アート研究。主著に『暗黙知の解剖 ── 認知と社会のインターフェイス』(2001，金子書房)、『ジャワの宗教と社会 ── スハルト体制下インドネシアの民族誌的メモワール』(2002，ひつじ書房)、『学習の生態学 ── リスク・実験・高信頼性』(2010，東京大学出版会；2022，ちくま学芸文庫)、『真理の工場 ── 科学技術の社会的研究』(2017，東京大学出版会)、『予測がつくる社会 ── 「科学の言葉」の使われ方』(2019，東京大学出版会，共編著）など。

執 筆 者（五十音順）

**ソン・ジュンウ**（Joonwoo Son）　**[2-2、2-3、コラム11]**
コロンビア大学大学院社会学専攻博士課程在籍中。専門は科学技術社会学、経済社会学。

**山口富子**（やまぐち とみこ）　**[5-2、6-1、コラム7]**
国際基督教大学教養学部アーツサイエンス学科 教授。専門は社会学、科学社会学。

**吉田航太**（よしだ こうた）　**[3-2、4-3、7-1、7-2、コラム5]**
東京大学大学院総合文化研究科超域文化科学専攻文化人類学コース博士課程在籍中。専門は文化人類学、STS。

**吉田憲司**（よしだ けんじ）　**[3-3、3-4、コラム4]**
PwCビジネスアシュアランス合同会社トラストサービス開発部 マネージャー。専門はイノベーション研究。

# 人名索引

## 事項索引

■さ行

■た行



■な行